UNE INVASION

DES

NORMANDS.

12

Lagny. — Imprimerie d'A. Le Boyer et Comp.

UNE
INVASION
DES
NORMANDS.

DRAME EN CINQ ACTES ET EN PROSE

PARIS,

20 JUIN, 1837.

PERSONNAGES

ROLLON, duc des Normands.
LE COMTE D'EVREUX.
GYSELE, sa fille.
ROGER, son fils.
OLIVIER, Sénéchal du comte.
HAROLD, officier de Rollon.
ELDUFF, *idem.*
RICHARD, } soldats du comte.
LEUTHOLD, }
UN Prêtre.
PREMIER Fossoyeur.
SECOND Fossoyeur.
UN Domestique du comte.
LE Justicier.

MARTHE, l'une des femmes de Gysele.

Soldats de Rollon, soldats du comte d'Evreux, serviteurs, etc.

La scène se passe à Evreux, dans la citadelle, sous le règne de Charles le Simple.

ACTE PREMIER.

Le théâtre représente une terrasse de la citadelle d'Evreux. A la droite du spectateur, sont la salle d'armes et les bâtimens seigneuriaux ; à gauche, une tour, par laquelle on descend au pont-levis; au fond, le parapet du rempart, et dans le lointain, la cathédrale d'Evreux et d'autres édifices

---

SCENE I.

LE COMTE D'EVREUX, OLIVIER, RICHARD, autres soldats, qui sont rangés sur plusieurs lignes, au côté droit du théâtre. Au lever du rideau, le comte passe une inspection; il visite les lignes, et se place ensuite en face de la première.

LE COMTE.

Vous des soldats ! Vous n'en avez que le nom, nullement le caractère. Il est, dans cette citadelle, des femmes soumises aux mêmes privations que vous et qui les sentent moins... Peut-on vivre, dites-vous, avec deux onces de farine par jour? Quelles seront donc vos plaintes, quand vous n'aurez plus pour aliment que le cuir de vos baudriers !

1.2

RICHARD.

Si je ne craignais point de vous irriter, Monseigneur...

LE COMTE.

Hé bien?

RICHARD.

Je vous demanderais, si avec trois cents hommes, vous avez l'espoir d'en vaincre trente mille. Plus vous prolongerez votre résistance, plus les conditions de l'ennemi seront dures. Ce serait à peine si maintenant il nous accorderait la vie sauve; jugez donc si plus tard...

LE COMTE.

Et qui t'a dit que ta vie ou celle de tes camarades était du moindre poids dans la balance où je pèse mes résolutions?

RICHARD.

Je ne crois point que vous regardiez nos jours comme si peu de chose, et il serait digne de vous...

LE COMTE.

Tu n'as de courage que dans la langue, et tu en as beaucoup trop.

RICHARD.

Devant l'ennemi, je ne me suis jamais conduit en lâche.

LE COMTE.

Tu veux dire que tu ne t'es jamais conduit qu'en lâche.

RICHARD.

Moi, monseigneur!

LE COMTE.

Toi, Richard! Tu n'es propre qu'à corrompre les

camarades, qu'à semer dans leurs cœurs l'esprit de la révolte. J'entends des paroles que tu crois bien loin de mon oreille, et, par Notre-Dame-d'Evreux! je te prouverai bientôt que je ne veux que des soldats et non des orateurs.

RICHARD.

Certes...

LE COMTE.

C'est qu'il me sera plus aisé de mettre des bornes à ma bonté, que toi à ton insolence.

RICHARD.

Mon insolence! Pour vous avoir dit la vérité.

LE COMTE.

Qui te l'a demandée?

RICHARD.

Si elle a dû vous blesser...

LE COMTE.

C'était une raison pour la taire.

RICHARD.

Tant de fatigues, et en pure perte!

LE COMTE.

Encore?

RICHARD.

Je sais bien, monseigneur, que votre résistance vous couvre de gloire, mais...

LE COMTE.

Mais c'est parce qu'elle me couvre de gloire, qu'il ne peut me venir à l'esprit de la cesser. (*aux autres soldats.*) C'est pour vous que je parle, et non pour cet audacieux. Depuis deux mois, nous arrêtons, autour de cette citadelle, la plus grande partie des forces d'un ennemi dont le nom seul prenait des villes. Depuis ce temps, la France sortie de sa stupeur, étudie toutes ses ressources. Des fortifications s'élèvent, des armemens se préparent, et l'on voit qu'il est possible de faire face à ces Normands qui ne rencontraient plus que des esclaves et non des adversaires. Et quand ce n'eût été qu'au prix de tout notre sang, que nous aurions pu rendre ce service, nous eût-il été permis d'hésiter? Mais je ne doute point que le roi Charles ne nous secoure, et si toute communication avec le dehors n'était pas interrompue, j'aurais sans doute déjà appris qu'il est en marche

OLIVIER.

N'est-ce point, monseigneur, une illusion que vous vous faites? Le sceptre de Charlemagne n'est point encore tombé dans des mains si peu dignes de lui. Ce roi pusillanime s'entend mieux à présider des conciles d'évêques, qu'à faire manœuvrer des troupes, et il ne combattra les Normands que par des œuvres de pénitence, ou des prières.

LE COMTE.

Pauvre France!

OLIVIER.

Ou bien, il achetera d'eux une paix qui ne durera que le temps pour eux d'en emporter le prix dans la Norwége, et de revenir, séduits par l'espoir d'en vendre une nouvelle.

LE COMTE.

Sottise et lâcheté! il semblerait que Dieu ait voulu rayer du rang des nations celle qui en fut la première; je ne sais de quel vertige il l'a frappée.

OLIVIER.

Jamais celui de la terreur ne fut égal chez aucun

peuple. Du plus loin que l'on entend ce cri : voici les normands ! la jeune mère fuit dans les bois, en emportant son nouveau-né ; le vieillard reproche à ses jambes d'avoir perdu leur vitesse ; le guerrier jette ses armes qui appesantiraient les siennes.

LE COMTE.

Quel tableau !

OLIVIER.

Que ne peut-on me reprocher d'en trop charger les couleurs !

LE COMTE.

Hélas non !

OLIVIER.

Cette invasion même menace la France de plus de malheurs que toutes celles qui l'ont précédée : les normands ont un chef qui, dit-on, pousse la férocité.....

LE COMTE.

Je vous arrête ici ; je ne crois point aux contes que l'on répand sur cet homme. Je ne ferai certes pas son éloge ; il n'est pas possible qu'un Normand ne soit pas cruel et il manque à sa nature, quand il n'est que l'égal du tigre. Mais enfin, Rollon s'est emparé de ma ville d'Evreux, elle est encore debout. Je conçois bien toutefois que ma conduite enflammera sa colère. Il ne me pardonnera pas la brèche qu'elle cause à sa renommée. Mais j'ai fait le sacrifice de ma vie, et ce que j'ai fait, ce me semble, chacun de vous peut le faire. Nous imiterons ces Grecs qui, au nombre de trois cents tinrent en échec une armée innombrable, et la citadelle d'Evreux sera les Thermopyles de la Neustrie.

SCENE II.

LES PRÉCÉDENS, ROGER.

ROGER.

Je vous annonce une nouvelle bien imprévue ; Rollon vous envoie un parlementaire.

LE COMTE.

Un parlementaire !

ROGER.

Il se dit chargé de vous offrir des conditions de paix.

LE COMTE.

Sont-elles de nature à blesser ma gloire ?

ROGER.

Il ne me les a point expliquées.

LE COMTE.

Si ce n'est qu'une capitulation....

ROGER.

Je ne le pense pas. Cet envoyé s'est approché du fossé de la citadelle ; les archers du pont-levis, visaient déjà à sa poitrine ; il s'est écrié qu'il était messager de propositions que vous ne manqueriez pas d'accueillir...

LE COMTE

C'est selon.

ROGER.

Que son maître honorait votre courage....

LE COMTE.

J'en ai montré un digne en effet qu'on l'honore.

ROGER.

J'ai ordonné qu'on baissât les chaînes du pont, et ce Normand est entré.

LE COMTE.

De toute manière, il est bon de l'entendre ; fais le venir.

Roger se retire.

SCÈNE III.

LES PRÉCÉDENS, moins ROGER

LE COMTE *à ses soldats.*

Sachez garder la contenance du courage et qu'en rentrant dans le camp de son maître, ce parlementaire, puisse lui annoncer que mes soldats n'ont pas le cœur moins solide que ne le sont les murs qu'ils défendent.

SCÈNE IV.

LE COMTE D'ÉVREUX, HAROLD, RICHARD, LE JUSTICIER, OLIVIER, soldats.

HAROLD.

Comte d'Evreux, tu reçois le salut d'Harold, surnommé fléau des ours. Ce surnom fut la première récompense de mon courage. Dompter les ours était ma récréation d'enfance, et mon bras était ma seule arme dans les luttes que j'eus avec eux. Le Scalde a dit à ma mère, quand elle me portait encore dans son sein : ton fils sera un héros que l'odeur du carnage fera tressaillir de joie ; le crâne du vaincu sera sa coupe et le sang son hydromel.

LE COMTE *à Olivier.*

Si Rollon a vingt mille soldats comme celui-ci il doit conquérir le monde.

HAROLD.

Qui jamais, quand le danger m'expose à la mort, vit pâlir mon visage ? Une nuit, la douleur m'apparut en songe, et me dit : Harold, fléau des ours, je veux te soumettre. A l'instant, je sortis de ma couche et je m'en fis une d'une neige que la bise avait glacée. J'étais nud, et l'aiguillon du froid pénétrait jusqu'à mes os. Je riais : quel est le héros que ne fait pas rire la douleur !

LE COMTE.

Prodigue-toi moins les éloges; tu dilates ton orgueil et fatigues le nôtre.

HAROLD.

En ce moment c'est le mien seul qui est blessé, comte, et quoi que je dise...

LE COMTE.

Le ton que tu prends ici, ne te convient peut-être que dans le camp de Rollon.

HAROLD.

Ici comme en tout lieu, j'ai l'accent d'un maître.

LE COMTE.

Tant d'audace, et dans ma citadelle !

HAROLD.

Nous pouvons nous en emparer, comte; crains de nous y contraindre.

LE COMTE.

Elle vous a bravés deux mois et vous bravera encore.

HAROLD.

Rollon, crois-moi, se lassera de vouloir te sauver

LE COMTE.

Me

HAROLD.

C'est son amitié qui t'a servi de rempart et c'en est un plus sûr que ces murailles.

LE COMTE.

Certes..

HAROLD.

Souviens-toi quel accueil lui fut fait, quand il s'est présenté devant Evreux. Loin d'ouvrir ses portes, cette ville téméraire fit entendre le cri de la guerre et provoqua notre courroux par les plus insolentes bravades. C'est une faveur de recevoir de nous des fers et qui nous a résisté ne reçoit que la mort. On ne voit plus que des cendres à la place de toute ville où nous sommes entrés par une brèche. Regarde, pourtant : Evreux subsiste, et dans nos soldats, reconnaîtrait-on des vainqueurs! Rollon a voulu que leurs cœurs s'asservissent à ces sentimens qui rendent les vôtres si pusillanimes, et que vous nommez justice et pitié. En un mot, Evreux conquis, n'a rien souffert à l'être, et le sang des soldats est le seul sang qui ait coulé. Comte, si Rollon, traite avec cette bonté, la capitale de ta province, c'est que tu as à ses yeux un titre qui est la sauvegarde de tout ce qui t'a appartenu, de tout ce qui t'approche.

LE COMTE.

Il est vrai qu'en faisant le siège d'Evreux, vous n'avez point égorgé vos prisonniers, pour vous servir de leurs corps en guise de fascines, et en combler les fossés; que maîtres de la ville, vous n'en avez point fait un bûcher, pour éclairer vos orgies, ce qui était si bien dans vos habitudes. C'est que Rollon passe du caractère de pirate à celui de conquérant. [illegible] posé du moins, et conserve quelque chose pour ne pas régner que sur des ruines. Peut-être aussi que rassasié de meurtres, le dégoût comprime ses instincts sauvages car le tigre lui-même n'a pas toujours son ongle dans le sang et le laisse quelquefois en repos. Mais non; si Evreux est resté debout, j'en dois rendre grâces à l'amitié que me porte ton maître. Je ne me connaissais pas ce lien, et j'aurais frémi, certes, au seul pressentiment d'avoir un pareil ami.

HAROLD.

(*Frappant du pied avec colère.*) Comte!...

LE COMTE.

Son amitié! quel crime, quel parjure ai-je commis qui m'en ait provoqué l'injure!

HAROLD.

Cet honneur! il est plus d'un roi qui l'a imploré à genoux.

LE COMTE.

Cet honneur! il déshonore celui qui l'accepte.

HAROLD.

Ton injustice me révolte. Que de fois nos Normands ont frémi d'indignation, en te voyant les braver du haut de ces remparts qu'ils eussent franchi dans un instant, si Rollon ne leur en eût fait la défense la plus expresse. Ah! puisque tu peux sauver la vie de ce peu de braves...

LE COMTE.

Que vous êtes devenus humains ton maître et toi! On formerait le plus vaste des fleuves, de tout le sang que les Normands ont versé, et vous avez peur que j'en demande quelques gouttes pour ma gloire et celle de la France

HAROLD.

Ne crois pas nous outrager, en nous disant que nous aimons le sang. Oui, nous l'aimons. C'est un goût que nos mères nous inspirent dès la mamelle, car elles nous en font boire avec le lait. Mais enfin, voici les offres de Rollon. Il te rendra ta ville d'Evreux, moyennant mille livres d'argent, et cent livres d'or.

LE COMTE.

Si je la mettais en vente, il n'est point d'acheteur qui en offrirait un si haut prix.

HAROLD.

Cette somme sera la dot de ta fille.

LE COMTE.

Qu'a de commun ma fille avec tout ceci ?

HAROLD.

Elle sera le sceau de cette paix : Rollon l'aime et la prend pour femme.

LE COMTE.

Qu'a-t-il dit ?

HAROLD.

Qu'il aime ta fille.

LE COMTE.

Qu'il l'aime !

HAROLD.

Que ne lui ais-je pas dit pour l'en faire rougir ! c'est de l'amour des combats que doit rugir ce lion, et c'est là le seul amour qui ne soit pas indigne de son cœur. Mais il a défendu sa faiblesse contre tous mes reproches. Il sent sa honte et il y persite. Il t'est facile de concevoir que cet amour pour ta fille est la seule origine de son amitié pour toi. Médite la réponse que tu vas me faire, comte. Refuser ! elle serait une de ces insultes qu'on ne peut semer dans le cœur de Rollon qu'en se résolvant à récolter la mort.

LE COMTE.

Tu vois ces murs : qu'il puisse enfin monter sur leurs débris ; qu'il n'ait jamais été plus terrible ; que chacun de ses pas laisse une horrible trace ! je m'y résigne ; mais non à l'appeler mon fils. Reprends le don que tu m'as fait, ô mon Dieu ! ce don que tout père m'a envié, qui fut béni par le bonheur de vingt ans de ma vie ! si le profanateur de ton culte, et l'adorateur de ces dieux dont le trône est aux enfers : si ce brigand dont la gloire féroce n'est qu'un mélange de vol et d'assassinats, si Rollon doit s'ouvrir l'accès de cette citadelle ; oui, mon Dieu, sauve ma fille, et ordonne à l'instant sa mort. Ah ! pour moi je devrais la mienne à l'épouvante seule de le voir ici maître, et ma fille encore vivante.

HAROLD.

Dès que Rollon connaîtra cet ' affront, comte d'Evreux, en lui mourra l'amant et renaîtra le héros. Il eut cessé le blocus de cette forteresse ; il eut consenti à te rendre Evreux... Mais déjà les corbeaux voraces battent des ailes, et préparent, dans leur sein, des tombeaux à tes soldats et à toi. A tes soldats ! regardes-les ; les murmures de leurs cœurs sont écrits sur leurs visages. En effet, ils ont vu que tu pouvais les soustraire au trépas le plus cruel, et tu n'as pas même songé à le faire.

LE COMTE.

Soldats ! vous entendez comment il vous calomnie.

RICHARD.

Aucun de nous, monseigneur, ne songe à renier ses paroles. Tant de dévoûment, tant de fidélité attendaient une autre récompense que ce mépris. Nous sommes vos vassaux, je le sais, mais ne sommes-nous pas aussi des hommes! Rollon semble ignorer qu'il a dans ce fort un auxiliaire certain de nous vaincre, la faim qui, en énervant nos bras, énerve aussi notre constance. Il vous offre la paix, mais en échange de votre fille. Quand le bonheur de celle-ci serait compromis par une telle alliance, son sort n'est-il pas d'un poids plus léger que les jours de vos soldats? Toute obéissance a des limites, et on annule sa puissance quand on l'éxagère. Unissant leurs voix à la mienne, mes camarades vous forceront de retracter...

LE COMTE.

Mon justicier est-il ici?

LE JUSTICIER.

Oui, monseigneur. Quel ordre faut-il accomplir?

LE COMTE.

Appelez vos aides: préparez la hache, le billot du supplice.

LE JUSTICIER.

Vous serez obéi.

LE COMTE.

Toi, Richard, adresse à Dieu les larmes du dernier repentir; car, avant peu, tu vas paraître à son tribunal.

RICHARD.

Quoi! vous voulez...

LE COMTE.

Je veux faire une réponse à tes bravades.

RICHARD.

Vous voulez la révolte, et mes camarades me...

LE COMTE.

Te verront mourir.

RICHARD.

Non, certes.

LE COMTE (*aux soldats*).

Ne se sera-t-il trouvé parmi vous qu'un seul traître, ou bien, l'êtes-vous tous?

RICHARD.

Je vous dis qu'ils sont tous mes complices.

LE COMTE.

S'il en est ainsi, comment trouverai-je assez de bourreaux. Sachez-le bien : je veux sa tête, et celui de vous qui fait un geste pour me la dérober... la sienne tombe, et à l'instant même. Sans me montrer las de ces scènes sanglantes, j'ordonne autant de supplices que j'aurai compté de rebelles.

On va pour s'emparer de Richard, il regarde ses camarades et pâlit de terreur, en les voyant immobiles.

RICHARD.

Les lâches!

LE COMTE.

Justicier, avez-vous fait vos préparatifs?

LE JUSTICIER.

Oui, monseigneur.

LE COMTE.

Prenez votre victime.

RICHARD.

J'attends ses coups : j'ai perdu tout refuge contre eux.

LE COMTE.

Dis-moi, Richard : crois-tu qu'ici c'est la force et non pas l'équité qui juge. Ta rébellion te semblait-elle un acte de vertu? crois-tu, en un mot, que ta mort ne sera pas celle d'un coupable?

RICHARD.

Ma vaine colère allait jusqu'au délire et m'empêchait de lire dans ma conscience. Désormais...

LE COMTE.

Désormais, tu conviens d'une voix sincère que jamais peine ne fut plus méritée; que ton crime envers moi rejaillissait sur Dieu même, de qui je tiens sur vous ma puissance qui représente la sienne.

RICHARD.

Il ne vous interdit pas de le représenter aussi dans sa bonté. Rappelez-vous, monseigneur, les images que l'on nous trace d'elle. Quand il se prépare à nous châtier, on pleure vers lui et il s'émeut. S'il avait prononcé une sentence, il la retracte; il ne se dit plus : « Voici des coupables! » Il se dit : Voici mes enfans. » Que ne pratiquez-vous la leçon que vous recevez de lui!

LE COMTE.

Je la pratique, aussi, Richard, et je te pardonne. Je t'ai fait voir, et c'est là que je prétendais arriver, que lorsque je le veux, j'ai la force de punir. En te rendant la vie, je crois acquérir plus d'un soldat. Je sème en toi, ce me semble, la noble ardeur d'en valoir vingt. Ton glaive inscrira dans le sein des soldats normands cet acte de clémence, et l'inscrira souvent, sans doute.

RICHARD.

Je l'atteste

LE COMTE.

Rentre à ton rang. (*à Harold*) Pour toi, seule cause de cet événement ; toi qui viens dans ma demeure aider de ton suffrage l'audace et la révolte, comte, Harold : tout vain que soit Rollon, il n'a pu songer à être mon gendre ; il ne songe qu'à se rendre maître de cette citadelle, et il comptait sur tes yeux pour savoir tout ce qui s'y passe. Tu n'es donc...

HAROLD.

Par l'âme d'Odin !...

LE COMTE.

Cette exclamation et tes regards farouches me dispensent de prononcer un mot qui souillerait ma bouche. Je vois bien que tu me devines.

HAROLD.

Ah !...

LE COMTE.

Si tu étais moins instruit, ma bonté te laisserait libre de rentrer au camp de Rollon. Tu l'es trop, Harold, et je veux m'assurer ton silence. Tu es mon prisonnier.

HAROLD.

Une telle violation du droit des gens...

LE COMTE.

Il a des statuts qui concernent tes pareils. Il permet que leur sang soit versé sans aucun scrupule.

HAROLD.

O rage !

RICHARD.

Vous disiez vrai, monseigneur, voici le premier

auteur de mes torts. Déjà s'offre une occasion de les réparer. Voulez-vous me faire son geôlier, je vous réponds de lui, sur ma tête.

LE COMTE.

Soit! conduis-le dans la prison voisine de mes oubliettes.

RICHARD.

Suis-moi.

HAROLD.

Ne fais aucun signe à tes soldats, comte. Je suis sans armes, et résister serait folie. Mais prends garde d'avoir marqué le terme de ta vie, en disposant ainsi d'Harold, surnommé fléau des ours.

SCÈNE V.

LES PRÉCÉDENS. *Moins Harold et Richard.*

LE COMTE (*à ses soldats*).

Rentrez dans vos quartiers.

(*A Olivier*).

Restez, Olivier.

(*Les soldats défilent et se retirent*).

SCÈNE VI.

LE COMTE, OLIVIER.

OLIVIER.

Quels événemens! monseigneur.

LE COMTE.

J'aurais traité d'insensé le prophète qui me les eût annoncés ce matin.

OLIVIER.

Le chef des Normands aimer votre fille! Comment la connait-il? où l'a-t-il vue? Du premier moment où ses troupes ont paru devant Evreux, elle n'a point quitté la citadelle; à peine son appartement.

LE COMTE.

On peut supposer que ce n'est pas la première fois que Rollon vient en France.

OLIVIER.

En effet....

LE COMTE.

Et d'ailleurs Gysèle est tellement belle, qu'il a pu s'enflammer pour elle, sur la seule réputation de ses charmes.

OLIVIER.

Fille infortunée!

LE COMTE.

Dites aussi : infortuné père! Olivier, Ces pierres même devraient avoir des pleurs pour mon sort. Une fille tant aimée! Je la regardais comme l'astre de ma maison; astre qui éclaircissait l'horizon du soir de ma vie. Que les Normands me sont funestes, et qui plus que moi doit avoir des malédictions pour cette détestable race!

OLIVIER.

Vous n'êtes pas le seul....

LE COMTE.

Vous n'êtes auprès de moi que depuis un an; vous ne connaissez, qu'à demi, les titres qu'ils ont à ma haine.

OLIVIER.

Ceux qui frappent mes yeux....

LE COMTE.

Il en est de plus anciens!

OLIVIER.

Quoi déjà....

LE COMTE.

Déjà, je leur ai dû la perte d'un enfant chéri, du premier hélas! qui m'ait donné le nom de père.

OLIVIER.

Si je ne craignais pas, en me montrant trop curieux, de vous causer quelques larmes....

LE COMTE.

Il n'en coule plus; il en a tant coulé. Vous avez à peu près mon âge; vous vous souvenez de l'impression que produisit en France la première apparition des Normands : celle qu'ils font maintenant, tout horrible qu'elle soit, n'en est qu'une ombre. Ils avançaient sur les rives de la Seine, ne laissant sur leurs pas que le silence de la mort. Les villes se changeaient en cimetières, les campagnes en déserts stériles. C'était surtout envers les prêtres et les vierges consacrées au Seigneur, que se déployait le luxe de leur férocité. Ces idolâtres auraient anéanti le nom du vrai Dieu s'il eût pu l'être, et les races futures refuseront de croire aux profanations dont ils ont souillé ses temples. Arrêtés devant les murs de Paris, qu'Odon et Hugues son frère défendirent alors avec tant de courage, ils conclurent une paix presqu'aussi désastreuse pour nous que leur guerre.

OLIVIER.

N'est-ce pas quarante mille livres d'argent et de

deux mille livres d'or que cette paix leur fut payée.

LE COMTE

A peu près.

OLIVIER.

Vous avez raison de l'appeler désastreuse et elle sera la honte éternelle du roi Charles-le-Gros. Il arrivait avec une nombreuse armée, qui joignant ses efforts à ceux des habitans de Paris, eût forcé les Normands à une fuite ignominieuse. Il se renferme dans sa tante et ne fait de son armée qu'une vaine parade. Soudain, le bruit se répand qu'il a traité, l'or à la main, avec ces ennemis dont il eût dû triompher avec le fer. Lâcheté impardonnable et qui ne fit qu'enflammer la cupidité de ces pirates. De retour dans la Norwège, ils durent en montrant à leurs compatriotes ce prix reçu pour tant de sang versé, les encourager à faire, comme eux, trafic du carnage, et de là, toutes ces invasions qui ont été le fléau de notre malheureuse patrie.

LE COMTE.

En effet, dix ans s'étaient écoulés, lorsque les Normands reparaissent. C'est en remontant le Rhin qu'ils rentrent en France, où ils renouvellent toutes les horreurs dont on commençait à se distraire. Ils avaient à leur tête ce Sigovaise....

OLIVIER.

N'est-ce pas lui qui se vantait d'avoir tué de sa main, autant d'hommes qu'il y a d'heures dans une année?

LE COMTE.

Lui-même. Il pénètre dans le pays de Chartres et assiège cette ville, regardée comme la plus forte de la France

OLIVIER.

Quels immenses désastres, s'il l'eût prise !

LE COMTE.

Aussi, Eudes qui sentait combien il était important de sauver cette place, convoqua-t-il le ban et l'arrière-ban du royaume et leur donna rendez-vous au pied de ses murs. Je venais alors d'hériter du comté d'Evreux et j'armai de suite mes vassaux. J'allais partir : on apprend qu'un nouvel essaim de ces pirates a franchi l'embouchure de la Seine. Rouen n'a fait aucune résistance et cependant, ils y font d'affreux ravages. Les villes où ils ne sont pas encore se dépeuplent, tant le souvenir de la première invasion énerve les courages, et toutes les routes sont couvertes de fugitifs. Mon départ laissait Evreux sans défense, et y fussé-je resté (ce que les lois féodales eussent traité de félonie), cette ville était alors mal fortifiée. Cette citadelle que depuis j'ai rendue presqu'imprenable, n'aurait pas tenu cinq jours contre une attaque suivie. J'aimais passionnément ma femme et le seul fils qu'elle m'eût encore donné, et qui avait alors cinq ans. Olivier, je ne pus me résoudre à me séparer de ces deux êtres qui étaient une portion de ma vie, et la plus précieuse. Comment le faire d'ailleurs ? La comtesse d'Evreux, tenant dans ses bras cet enfant chéri, inondant son front de ses larmes, me conjurait, et avec un accent dont le souvenir brise encore mon cœur, de ne pas l'abandonner à la cruauté d'un ennemi qui n'avait de pitié ni pour l'innocence, ni pour la faiblesse de l'âge. Et elle-même ! réservée peut-être à des outrages pires que la mort !..

Je lui permis de me suivre et d'emmener son fils avec elle.

OLIVIER.

N'était-ce pas, en réalité, le parti le plus sage? Vous alliez vous trouver au sein d'une nombreuse armée, et l'enceinte d'un camp était un asile plus sûr.....

LE COMTE.

Que cette ville, que tout autre même. Je le crus, Olivier, et que cette illusion fut cruellement déçue! Quand nous arrivâmes auprès de Chartres, presque toute l'armée française y était déjà rassemblée. On en était déjà venu aux mains avec celle de Sigovaise, et sans l'avoir vaincu, on lui avait fait redouter de l'être. Soudain, il lève le siége et se retire, mais en ordre de bataille; et la crainte de quelque embuscade dans les forêts qui environnent Chartres, fit donner par le roi Eudes l'ordre de ne pas inquiéter sa retraite. La nuit suivante, nuit fatale, et qui en fit une du reste de mes jours! nous sommes éveillés par de grands cris. Je me couvre de mes armes et cours savoir quel événement se passe. Les Normands avaient reparu et venaient de faire une brèche au camp des Français. On livrait sur cette brèche le combat le plus opiniâtre; on finit par les repousser, mais un millier de ces pirates, avaient à la faveur de la confusion et des ténèbres, pénétré dans plusieurs tentes, et l'une de ces tentes était la mienne.

OLIVIER.

Grand Dieu!

LE COMTE.

J'y rentre, Olivier; j'y trouve ma femme baignée

dans son sang; j'appelle, je cherche mon fils!... les barbares l'avaient arraché des bras de sa mère. Lui donnèrent-ils la mort? l'emmenèrent-ils en captivité? ma pensée s'est toujours arrêtée avec la même horreur sur les deux phases de cette alternative. La comtesse se rétablit et depuis elle m'a donné un fils et une fille; mais elle n'a jamais perdu le souvenir de la pauvre créature que nous avions tant chérie, et elle m'en parlait encore à sa dernière heure.

OLIVIER.

Terrible épisode d'un drame au milieu duquel s'est passée presque toute notre vie et dont la fin est peut-être encore bien éloignée.

LE COMTE.

N'était-ce donc pas assez de cette perte déjà si cruelle et faut-il encore?... ô mon Dieu, inspirez-moi un moyen de salut pour ma fille!

OLIVIER.

Il est des pères qui avaient un grand nombre d'enfans, et à qui les Normands n'en ont pas laissé un seul pour fermer leurs yeux.

LE COMTE.

C'est ce qui m'arrivera, Olivier; j'en ai le noir pressentiment.

OLIVIER.

Mais, monseigneur, on serait en droit d'adresser quelques reproches à votre prudence, et elle sommeillait sans doute, quand récemment on vous apprit l'arrivée de Rollon, la prise de Rouen et tant d'autres calamités. Si alors, vous aviez envoyé votre fille...

LE COMTE.

Où donc?

OLIVIER.

A Paris : en Bretagne, chez le duc, son oncle; que sais-je?

LE COMTE.

Si... Ajoutez : si l'on m'avait prévenu que ce Rollon aurait des ailes; que le lendemain même du jour où m'arriva cette nouvelle, je le verrais devant les murs d'Evreux; si!...

(Il lève les épaules.)

OLIVIER.

Il est vrai qu'on a peu d'exemples d'une marche aussi rapide.

LE COMTE.

Et qui m'assure que Gysèle aurait voulu se séparer de moi? il est peu de filles qui aient pour leur père une tendresse pareille ..

OLIVIER.

Plus ferme qu'elle, vous auriez ordonné...

LE COMTE.

Qu'elle allât se mettre dans la gueule du lion, pour éviter son ongle, peut-être. Toutes les routes étaient infectées de hordes de ces pirates.

OLIVIER.

Vous êtes un père bien malheureux.

LE COMTE.

Tout m'accable. Il me restait une porte d'espe rance, et j'aurais pu, dans quelqu'extrémité que ce fût, faire sortir ma fille de cette forteresse. Vous connaissez ce conduit souterrain qui aboutit dans une des chapelles de la cathédrale.

OLIVIER.

J'ai vu la pierre qui en scelle l'issue; on ne se douterait jamais du secret qu'elle cache.

LE COMTE.

Et voilà ce Rollon, qui maître d'Évreux, fait de la cathédrale un logement pour une partie de ses troupes!

OLIVIER.

Il n'avait point de motif de respecter ce lieu plus qu'un autre, puisqu'il ne croit point au Dieu auquel il est consacré, et ayant à loger tant d'hommes...

LE COMTE.

Peu m'importerait qu'il eût pris toutes les autres églises.

OLIVIER.

C'est aussi, je crois, ce qu'il a fait.

LE COMTE.

Mes ancêtres s'étaient donné cette ressource, et elle a pu leur être précieuse, car ils n'eurent à combattre que contre des chrétiens qui se fussent bien gardés de profaner ainsi ce lieu saint. Mais grâce à ma mauvaise étoile, elle m'est complètement inutile. Heureux encore si quelque jour ce n'est pas de là que vient ma ruine; car si les Normands connaissaient ce passage...

SCÈNE VII.

LE COMTE, OLIVIER, ROGER.

ROGER.

Quoi! vous avez peur qu'ils ne le découvrent et vous ne prenez pas vos mesures? j'écoutais vos dernières phrases, et pardonnez-moi, si je vous interromps ainsi. L'avis que je vous donne me semble si grave...

LE COMTE.

Quelles mesures veux-tu que je prenne?

ROGER.

Faites murer la poterne qui en ouvre l'entrée, et donnez à ce mur dix pieds d'épaisseur.

OLIVIER.

Il est si peu présumable que les Normands...

ROGER.

Ils sont en grand nombre dans la cathédrale. Les loisirs de l'oisiveté les portent à faire des recherches, et à force d'en faire...

OLIVIER.

Songez donc que la pierre qui scelle l'issue de ce souterrain a l'air d'une tombe; qu'à moins d'avoir déjà quelque soupçon...

ROGER.

D'une tombe! serait-ce donc la première fois qu'ils en violeraient une? et surtout dans une église où l'on n'enterre que des personnes de haute naissance, où ils savent que les cercueils sont souvent doublés de lames d'argent. Ce n'est pas à moi de vous apprendre quelle est leur avidité; vous la connaissiez avant que je fusse au monde.

LE COMTE.

Mon fils me fait faire les réflexions les plus sérieuses. On fera murer cette poterne. Dès que le soleil sera levé, tu mettras nos gens à l'œuvre.

(On entend les trompettes.)

On sonne la retraite. As-tu réglé les veilles de nuit, les tours de garde?

ROGER.

J'ai mis cinquante hommes auprès du pont-levis.

et j'ai échelonné des sentinelles à chaque redoute.

LE COMTE.

Et ici?

ROGER.

Il y aura comme d'habitude, deux hommes la première moitié de la nuit, deux la seconde.

LE COMTE.

Voyons la liste.

(Il la lit).

Leuthold, Richard... cela n'est pas juste. Il était encore de faction ce matin; voilà comme on lui apprend à murmurer.

ROGER.

C'est lui-même qui est venu se proposer. Il a soif, dit-il, de vous prouver son zèle, et il se chargerait volontiers du service de cinq ou six autres. Il a pour vous une telle reconnaissance...

LE COMTE.

Qu'elle soit moins vive et qu'elle dure! mais les voici déjà qui prennent leur poste.

(Plusieurs soldats traversent le théâtre pour se rendre à divers postes.)

SCÈNE VIII.

LE COMTE, OLIVIER, RICHARD, LEUTHOLD.

LE COMTE, *à Richard.*

Comment as-tu laissé ton prisonnier?

RICHARD.

Bien irrité, bien furieux, monseigneur.

LE COMTE.

Voici le mot d'ordre, (*il le leur dit à l'oreille*).

Tu connais tes devoirs. A la moindre alarme, tu tireras la corde de ce beffroi.

RICHARD.

Oui, monseigneur.

LE COMTE.

Veillez à ne pas vous endormir, toi ni ton camarade.

RICHARD.

Certes, monseigneur...

LE COMTE.

Oui, je sais que maintenant tu es un excellent soldat; persévère et je serai pour toi un excellent chef. — Venez-vous, Olivier?

Il fort haut

SCÈNE IX.

LEUTHOLD, RICHARD.

RICHARD.

Excellent chef!

LEUTHOLD.

Quoiqu'un peu sévère. Mais sa colère est un feu de paille. Qui s'apercevrait, à la manière dont il te parle, qu'il y a une heure il voulait te faire tomber la tête?

RICHARD.

Oh!...

LEUTHOLD.

Tu en soupires encore. Est-ce que tu lui en gardes rancune?

RICHARD.

Quelle différence fais-tu, entre toi et l'animal qui

obéit à la verge et dort content, quand il a mangé !

LEUTHOLD.

Celle-ci : que je dors, quoique j'aie l'estomac vide.

RICHARD.

Tu dois baiser la main de ton maître, quand il daigne te la présenter après un outrage; tu dois... Leuthold? si tu étais à ma place, ne songerais-tu pas à te venger ?

LEUTHOLD.

Si l'araignée cherchait à se venger de la servante qui l'enlève au bout de son balai, cela ferait rire.

RICHARD.

Mais si le serpent, sur lequel un voyageur a mis le pied, se retournait et lui faisait une piqûre mortelle, on n'en rirait pas.

LEUTHOLD.

Le serpent est l'emblème du lâche.

RICHARD.

Du faible. Oh ! bénie soit l'idée qui a pris à cet homme de me faire le gardien d'Harold ! bénie soit la confiance qu'il a mise en moi ! Grâce à elle, du rang d'esclave, j'ai pu monter à celui de juge. J'ai pu... mais ma colère va trop vite, et elle devrait se laisser devancer par la prudence... Dis-moi, Leuthold, sens-tu bien toute la misère de ta condition ?

LEUTHOLD.

Dieu me l'a donnée, et j'ai deux motifs pour y rester : l'habitude et la crainte.

RICHARD.

Il ne faut qu'un léger effort pour t'en affranchir. Me jures-tu complicité ?

LEUTHOLD.

Pas avant de savoir dans quel dessein.

RICHARD.

Me jures-tu du moins le silence?

LEUTHOLD.

C'est selon.

RICHARD.

Tu n'oserais point trahir un camarade qui vient verser dans ton cœur son cœur trop plein; qui vient mettre sa vengeance, sa vie même, sous l'égide de ton amitié.

LEUTHOLD.

Tu mets bien de la lenteur à t'expliquer.

RICHARD.

C'est que si une fois je m'explique, et que je me montre à toi sur la frontière d'un crime, Leuthold, je te prends par la main et nous marcherons ensemble; sinon.....

LEUTHOLD.

Sinon?

RICHARD.

Tu resterais derrière moi, sans pouvoir me nuire.

LEUTHOLD.

L'un de nous deux resterait, et je ne suis pas fondé à croire que ce serait moi.

RICHARD.

Je sais que tu as du courage; j'en ai aussi, Leuthold!

LEUTHOLD.

Pour attaquer par derrière.

RICHARD.

Cherches-tu à dessécher ma confiance? à m'empêcher de t'ouvrir mon âme? nous avons tant de raisons de rester unis!

LEUTHOLD.

N'amorce pas tant le hameçon et jette la ligne.

RICHARD.

Après tout, j'ai déjà levé un coin du voile, et j'en ai trop fait voir pour te cacher le reste.

LEUTHOLD.

Enfin donc.

RICHARD.

L'affront que j'ai reçu, Leuthold, c'est la dernière goutte que pouvait contenir le vase. Harold s'est douté de ce qui se passait dans mon âme : « Soldat, m'a-t-il dit, si tu peux me rendre libre, je te promets d'unir ta cause à la mienne. » Je lui ai serré la main et c'était lui répondre : « Tu seras libre. » Il l'est devenu.

LEUTHOLD.

Est-il possible?

RICHARD.

Il l'est devenu, Leuthold, et malheur au comte d'Evreux! la liberté d'Harold est une semence d'où naîtra son esclavage

LEUTHOLD.

Par quelle porte est-il sorti? celle de la forteresse est si bien gardée...

RICHARD.

Un souterrain part d'ici qui conduit à la cathédrale; la poterne de ce souterrain n'a qu'une sentinelle.

LEUTHOLD.

Vous l'avez tuée?

RICHARD.

Nous l'avons achetée. C'était Lancelot; tu sais qu'il aime l'or, et Harold n'en manquait pas. Je lui ai fait croire qu'un mystère éternel couvrirait sa complicité; qu'un habile mensonge tromperait le comte sur l'évasion d'Harold. C'est du reste un esprit faible, et je n'aurais pas voulu l'initier à tous mes projets.

LEUTHOLD.

Tous tes projets!

RICHARD.

Insensé que tu es, si je n'en avais pas eu d'autres, celui-ci n'eût servi qu'à me perdre... Prête l'oreille, ce bruit que tu entends, au sein de la terre, c'est la vengeance qui s'approche. Regarde dans ces étoiles : il y en a une qui préside à la gloire de cette maison ; elle est près de tomber.

LEUTHOLD.

Qu'est-ce que ce radotage?

RICHARD.

Si Rollon avait eu le secret de ce passage souterrain, le drapeau du comte d'Evreux flotterait-il encore aux créneaux de cette citadelle?

LEUTHOLD.

Non sans doute.

RICHARD.

Il l'a maintenant et il en profite. Descendons à cette poterne, que je suis convenu de lui ouvrir La sentinelle qui la garde n'est plus la même. Seul, j'aurais à lutter; tous deux, nous l'effraierons et elle nous laissera faire. Il m'en coûterait qu'il y eût du sang versé, mais plus encore qu'il y eût un moment de perdu.

LEUTHOLD.

Je conçois maintenant quel fut le motif de ta confiance.

RICHARD.

Je t'en ai cru digne. N'es-tu pas encore décidé?

LEUTHOLD.

A quoi, misérable? à livrer, pieds et poings liés à son ennemi, l'homme qui m'a nourri de son pain pendant trente ans, et non-seulement lui, mais tous les braves gens qui le défendent J'ignore comment j'ai eu assez de patience pour ne pas te cracher au visage pendant que tu m'expliquais ton infamie. Va au large. Je crains plus ton contact que celui d'un pestiféré.

RICHARD.

T'es-tu avisé de parler sérieusement, Leuthold?

LEUTHOLD.

Je te dis que tu me fais horreur, que si le justicier mourrait de mort subite, je voudrais être chargé de te mettre la tête sur le billot. Va quitter cet habit de soldat; tu le salis, tu le déshonores. Oh! le monstre!

RICHARD.

Qu'ai-je fait?

LEUTHOLD.

Et monseigneur serait pris à un tel piège! non, par Notre-Dame d'Evreux!

RICHARD, *(d'une voix sombre.)*

Où vas-tu insensé?

LEUTHOLD.

Sonner le beffroi et crier sus à la trahison.

RICHARD.

Tu n'avanceras pas.

LEUTHOLD.

Hé bien! aie donc une fois du courage. Défends ton crime; moi, je défends l'honneur, la gloire de mon maître.

RICHARD.

Tu l'as voulu; tu verras ce que peut la vengeance, appuyée sur le désespoir.

(Ils se battent, Leuthold tombe.)

Dieu n'est pas juste. C'est ce scélérat qui devait périr. Je suis mortellement blessé.

RICHARD, *le frappant de nouveau.*

Cela ne suffit pas.

LEUTHOLD, *à haute voix*

Monseigneur! monseigneur!

RICHARD, *le frappant encore.*

La vie a donc en toi de bien profondes racines.

LEUTHOLD.

Mon Dieu, ayez pitié de mon âme.

RICHARD.

J'entends du bruit!... Il aurait éveillé des pierres; à plus forte raison, celui qui ne dort jamais d'un œil, sans veiller de l'autre. C'est lui!... comment me tirer de là? Je m'élancerai dans la galerie, au moment où il passera la porte.

SCENE X.

LE COMTE, LEUTHOLD.

LE COMTE.

On ne me demande pas qui vive. Les sentinelles sont-elles endormies! Et cependant il m'a semblé entendre le bruit d'une dispute. J'ai cru même que l'on m'appelait. Quel est cet homme contre qui je heurte? (*il le tâte de la main*,) il est couvert de sang.

LEUTHOLD.

Est-ce vous, monseigneur ? vous êtes trahi.

LE COMTE.

Trahi !

LEUTHOLD.

Courez à la poterne; Richard... (*il expire*)

LE COMTE.

Plus rien! plus rien qu'un cadavre! C'est ce Richard qui l'a tué, mais quel rapport entre ce meurtre et une trahison? quel rapport? Il aura voulu me rester fidèle et l'autre l'en aura puni... Courez à la poterne!... Juste ciel! si la pensée qui me vient n'était point une illusion de la peur. (*Il crie à haute voix*,) soldats!... En sonnant le beffroi, je les ferai accourir plus vite. On traverse la galerie à pas précipités... ce ne sont pas là des voix connues.

A cet instant, les Normands s'élancent sur la scène. Les premiers pos- des torches).

SCÈNE XI.

LE COMTE, ROLLON, HAROLD, RICHARD, soldats et officiers Normands.

ROLLON.

Ceci est à moi.

NORMANDS.

Vive Rollon.

LE COMTE.

Puissances du ciel! ce sont les Normands.

ROLLON.

Quiconque, parmi vous, Normands, ne se regarderait pas ici comme dans ma tente et y commettrait le moindre excès, serait sévèrement puni.

(A l'un de ses officiers).

Prenez le nombre d'hommes nécessaires, allez recevoir la soumission des soldats du comte, ne tuez que ceux qui feraient une résistance désespérée.

(A un autre).

Vous, placez des sentinelles à la porte de chaque appartement et n'y laissez entrer, n'en laissez sortir personne.

(Les officiers se retirent).

SCENE XII.

LE COMTE D'ÉVREUX, ROLLON, RICHARD, HAROLD, soldats Normands.

LE COMTE.

Cette citadelle jusqu'ici vierge, n'est donc plus qu'une vile prostituée et me voici le serf de Rollon!

ROLLON.

Je ne vous ai pas dit encore quel sort je vous destine. Vous attendez l'esclavage, et peut-être n'aurez-vous que mon amitié.

LE COMTE.

Ton amitié !

ROLLON.

Je n'en crois jamais si digne celui qui plie de suite le genou devant moi, que celui qui ne le fait qu'après une longue résistance.

LE COMTE.

Fais ton métier, conducteur de pirates ou de bêtes fauves, égorge-moi,... et ne me propose pas ton amitié.

ROLLON.

Tant d'orgueil...

LE COMTE.

Te figures-tu que tu le dompteras ? tu peux donner des fers à mes bras non à mon âme. J'aurai toujours les sentimens d'un comte d'Évreux.

ROLLON.

Si j'avais prétendu vous avilir...

LE COMTE.

A chaque instant de ma vie, à moins que tu ne me fasses arracher la langue, je te braverai ; je serai l'interprète de la France entière, qui te maudit, dont tu es l'horreur.

ROLLON, *à ses soldats*.

N'agitez point ainsi vos lances ; cette querelle ne concerne que moi.

LE COMTE.

On te disait brave, on ignore donc comment tu

prends des forteresses. Semblable à la taupe qui se creuse sous terre une route oblique, tu attends le sommeil du lion, pour te glisser dans son antre.

ROLLON.

Rendez grâce à votre étoile. Si c'était d'assaut que cette forteresse eût été prise, tout mon pouvoir n'aurait pu faire qu'un seul de ses habitans restât vivant.

LE COMTE.

Je l'aurais mille fois préféré... Où s'est donc caché le traître qui t'en a livré l'accès?

RICHARD.

Il ne s'est point caché. (*Il s'avance.*)

LE COMTE.

Il ose encore...

RICHARD.

Paraître devant vos yeux et il est prêt à vous rendre compte de ce qu'il a fait.

LE COMTE.

Je venais d'épargner ta vie, misérable

RICHARD.

Vous veniez de la déshonorer.

LE COMTE.

Ah!...

RICHARD.

Vous soupirez de colère; J'ai soupiré ainsi plus d'une fois; maintenant que vous avez un maître, vous vous ferez une idée de tout le fiel qui s'est amassé dans mon cœur, pendant vingt ans que vous fûtes le mien.

LE COMTE.

Un tel acte de perfidie!

RICHARD.

Dites : un tel acte d'humanité. C'en fut un d'arracher mes camarades à la hache du bourreau, ou à la seule agonie de la faim, seule alternative que vous réserviez à leur dévoûment.

LE COMTE.

O justice du ciel !

RICHARD.

Elle éclate sur vous, monseigneur.

LE COMTE.

Elle t'attend, je l'espère.

RICHARD.

Ma conscience est en paix et ne la redoute pas.

LE COMTE.

Infâme...

RICHARD.

Mon caractère conserve plus de dignité que le vôtre; je ne descends point aux injures.

LE COMTE.

Ainsi traité !...

RICHARD.

Vous l'êtes avec indulgence. Un homme que vous avez tant persécuté que moi, serait en droit de vous tenir un langage plus dur. Mais je dédaigne de vous outrager, et ma pitié...

LE COMTE.

Tu l'entends, Rollon, il ose flétrir mon malheur du fer chaud de sa pitié ! Il dédaigne de m'outrager et ce dédain est le plus sanglant des outrages. Quand tu aurais pour moi une haine égale à la mienne, peux-tu voir ceci sans indignation ?

RICHARD.

Rollon n'en éprouve que pour l'orgueil que vous gardez dans votre abaissement, et qui vous inspire tant de paroles blessantes. J'ai été votre vassal et si je lui demandais que vous fussiez le mien....

ROLLON.

Je te répondrais, en te fendant le crâne de ma hache d'armes. J'ai rarement vu plus d'insolence d'un côté, plus de patience de l'autre.

LE COMTE.

Mon rôle n'est-il pas de courber la tête!

ROLLON.

Non, ce n'est pas là votre rôle.

LE COMTE.

J'étais souverain et je suis esclave.

ROLLON.

Vous êtes vénérable par votre malheur même, et vous devriez l'apprendre à cet homme.

LE COMTE.

Ah! si j'avais encore une heure de puissance.

ROLLON.

Vous en aurez toujours pour vous faire justice.

LE COMTE.

Quoi! si j'ordonnais...

ROLLON.

Mes Normand sont prêts à exécuter vos ordres.

LE COMTE.

Il est impossible...

ROLLON.

Que je sache distinguer la trahison du traitre, profiter de l'une et châtier l'autre!... Vous vous trompez, comte

LE COMTE.

Si cette goutte de baume était versée sur une aussi douloureuse blessure!.

ROLLON.

Il dépend de vous de la verser.

LE COMTE.

Où trouver un supplice assez capable de me venger!

ROLLON.

Celui que vous désignerez, quel qu'il soit, sera infligé de suite.

LE COMTE.

La mer rejette de son sein tout corps impur... Que de même ce traitre soit rejeté de cette citadelle qu'il souille sa présence.

ROLLON.

Ainsi...

LE COMTE.

Tu vois ces remparts. C'est de là qu'on doit le précipiter. Dans sa chute, son sang s'attachant à leurs pierres y gravera ta gloire avec une éloquence que n'auraient nuls vers de vos scaldes. Il fera dire : « Rollon, maître de la citadelle y débuta par un acte de justice, et voici le sang du traître qui lui en avait ouvert les portes. »

ROLLON.

Harold, prenez quatre de mes soldats et faites ce que le comte d'Evreux vient de prescrire.

RICHARD.

Vous cherchez à me rendre lâche, à vous jouer de ma peur. Quoi? ce serait là votre reconnaissance du service que je vous ai rendu.

ROLLON.

Je t'ai donné de l'or, c'est ce que je te devais;

ton maître te donne la mort, c'est ce qu'il te doit.

RICHARD.

Harold! Harold! vous m'aviez fait d'autres promesses.

HAROLD.

Pourquoi t'adresses-tu à moi? tu n'as plus personne à trahir.

RICHARD.

J'ai manqué de retenue, je le sais. Mais c'était la première fois de ma vie que je goûtais le plaisir de la vengeance, et...

ROLLON.

L'abeille laisse son aiguillon dans la plaie qu'elle fait et meurt. Je ne te réhausserai cependant pas par une comparaison aussi noble; tu n'es qu'un vil frêlon, dont le bourdonnement commence à m'importuner.

On s'empare de Richard, il se délivre des mains des soldats.

RICHARD.

Vous n'imprimerez point une telle tache sur la gloire que je vous ai fait acquérir... (*Rollon lui répond par un regard dédaigneux; il se jette à ses pieds*). Au nom de Dieu! mais vous ne croyez point en lui: au nom de l'humanité! laissez-moi la vie. Un cachot, si vous voulez, mais la vie! la vie! Pourquoi m'a t'on choisi une pareille mort! devant le fer du bourreau, je n'aurais peut-être que pâli, et ici!... (*Il jette des regards désespérés vers le rempart.*). Vos yeux supporteraient-ils ce spectacle? vous verriez briser au flanc de ces remparts, et les parsemer des lambeaux de son corps, celui sans lequel vous se riez encore à leurs pieds, plein d'une colère impuissante... Ne me repoussez pas ainsi de vos genoux; je m'y serre comme le naufragé à sa dernière planche. Ah! je le répète encore: La vie! la vie!

ROLLON.

Je te l'aurais peut-être accordée, si tu l'eusses demandée avec moins de lâcheté. Mais on ne peut attendre qu'abjection du cœur d'un traître... ses prières m'inspirent un dégoût... (*à Harold.*) Remplissez mes ordres.

(On se jette sur Richard, qui entraîné, tourne la tête vers le comte.)

RICHARD.

Monseigneur! vous que j'ai trouvé si souvent bon et généreux, intercédez pour moi, sauvez-moi. Je vous en conjure: un dernier acte de clémence! (*Il est près du parapet.*) Horreur! (*Se débattant.*) attendez donc qu'il me réponde. (*On le précipite.*) Ah! (*ce cri est terrible. On entend la chute du corps.*)

ROLLON *à un officier.*

Conduisez le comte à son appartement et mettez deux gardes à sa porte.

SCÈNE XIII.

LES PRÉCÉDENS, ELDUFF.

ELDUFF.

Tous les soldats du comte ont mis bas les armes et sont prisonniers.

ROLLON.

On les enverra dans la ville; on n'en laissera aucun ici... Je fais de cette forteresse mon quartier général, et j'y resterai avec mes principaux officiers. Par égard pour les femmes qui s'y trouvent, on en fera disparaître les images de guerre. Vous ne conserverez que le petit nombre de mes soldats nécessaire à la garde des corridors.

FIN DU PREMIER ACTE.

ACTE SECOND.

Le Théâtre représente l'appartement de Gysèle, son lit s'y trouve, un cabinet est sur le côté, d'où sort Marthe, au lever du rideau.

SCÈNE I.

GYSÈLE, MARTHE.

MARTHE.

Déjà levée! madame; et c'est à peine si la clepsydre marque six heures.

GYSÈLE.

Je ne dormais pas. J'ai quitté mon lit, fatiguée de cette insomnie.

MARTHE.

C'est sans doute cet affreux orage...

GYSELE.

Affreux en effet.

MARTHE.

La maison tremblait et il semblait que les vents allaient l'arracher du sol. La pluie qui entrait dans la cheminée en chassait les hirondelles et abattait leurs nids, gage de bonheur tant qu'ils restent intacts. J'en viens de voir une morte au pied de mon lit, l'aile encore mouillée.

GYSELE.

Je n'ai point entendu le cri du grillon ; cet hôte du foyer ne se tait qu'à l'approche d'un évènement funeste.

MARTHE.

Je ne sais si mon oreille m'abusait ; il m'a semblé qu'au son funèbre des vents, se mêlait le bruit de voix inconnues.

GYSELE.

J'ai fait la même remarque.

MARTHE.

On marchait souvent dans les galeries ; on échangeait des *qui vive* d'alarme.

GYSELE.

Cette nuit a dû être signalée par quelque malheur.

MARTHE.

Nous avons trop droit de le craindre.

GYSELE.

Quitte-moi, ma bonne Marthe, va demander des nouvelles de mon père.

MARTHE.

J'y vais, madame.

(Elle va vers la porte, essaie de l'ouvrir et revient toute tremblante

GYSÈLE.

Eh bien?...

MARTHE.

Madame...

GYSÈLE.

Pourquoi cet air consterné?

MARTHE

J'ai voulu sortir...

GYSÈLE.

Et...

MARTHE.

La porte est fermée en dehors.

GYSÈLE.

Tu te l'es imaginé.

MARTHE.

Non certainement.

GYSÈLE, (*avec un sourire forcé.*)

Qui nous aurait fait prisonnières?

MARTHE.

Je l'ignore.

GYSÈLE.

Retourne donc t'assurer...

MARTHE.

Venez avec moi.

GYSÈLE.

Volontiers.

(Elles vont toutes deux auprès de la porte.)

MARTHE.

Vous voyez, madame...

GYSÈLE.

Cela n'était jamais arrivé.

(Elle regarde par le trou de la serrure, et jette un cri de consternation.)

O ciel !

MARTHE, *(après avoir aussi regardé.)*

Qui sont ces soldats?

GYSÈLE.

Je ne reconnais ni leur visage, ni leur uniforme.

MARTHE.

Cette nuit a été horrible ; Dieu veuille que le jour qui la suit ne le soit pas encore plus.

GYSÈLE.

On ouvre. Nous allons du moins sortir du doute et de l'inquiétude.

MARTHE.

On les regrette quelquefois, en face de la réalité

SCÈNE II

GYSÈLE, MARTHE, un domestique

GYSÈLE.

Donnez-nous de suite des éclaircissemens ; nous sommes dans une telle angoisse....

LE DOMESTIQUE.

Vous n'en avez que trop sujet.

GYSÈLE.

Pourquoi a t'on mis des gardes à cette porte et qui sont ces gardes?

LE DOMESTIQUE.

Il y a un homme ici à qui on ne demande point la raison de ce qu'il fait.

GYSÈLE.

Ce ne peut être que mon père. Est-ce lui qui vous envoie?

LE DOMESTIQUE.

Votre père a passé une mauvaise nuit.

GISÈLE.

Serait-il en danger? Retournez avec moi; je me rends auprès de lui.

LE DOMESTIQUE.

Vous ne le pouvez pas.

GYSÈLE.

Dites-m'en la raison.

LE DOMESTIQUE.

On me ferme la bouche; on ne m'a permis que de vous apprendre qu'un étranger demande à vous voir.

GYSÈLE.

Un étranger! et à une telle heure!

LE DOMESTIQUE.

Remerciez-le de ne pas être venu plus tôt. Il le pouvait.

GYSÈLE.

Mais enfin...

LE DOMESTIQUE.

Marthe? je suis forcé de vous emmener. Quittez madame.

MARTHE.

C'est elle seule qui a le droit d'en décider.

LE DOMESTIQUE.

Quel mot prononcez-vous? savez-vous à qui appartient ici de dire : « j'ai le droit. »

MARTHE.

A monseigneur, sans doute et à ses enfans.

LE DOMESTIQUE.

Et qui est-ce que l'on appellera monseigneur?

MARTHE.

Vous êtes fou.

LE DOMESTIQUE.

Je ne le deviendrai jamais, puisque je ne le suis pas devenu cette nuit.

GYSÈLE.

Au nom du ciel! expliquez moi....

LE DOMESTIQUE.

Je n'ai pas envie de jouer ma tête, et....

(Rollon paraît sur le seuil de la porte, la visière de son casque est entièrement baissée.)

Venez Marthe, ou c'en est fait de moi.

MARTHE.

Je ne me résoudrai pas....

LE DOMESTIQUE.

Nous ne sommes point assez forts, ni l'un ni l'autre, pour braver celui qui est là.

(Il l'entraîne.)

SCÈNE III.

ROLLON, GYSÈLE.

ROLLON.

Vous êtes surprise, madame. Un inconnu venant ainsi dans votre appartement, forçant une de vos femmes à en sortir....

GYSÈLE.

Ne saurait être un chevalier, quoiqu'il en porte l'armure.

ROLLON.

Si l'on reconnaît un chevalier, au respect qu'un homme conserve en face d'une dame; à sa crainte de prononcer une parole dont sa candeur soit effleurée; à l'étude qu'il se fait de garder devant elle l'attitude timide d'un enfant...

GYSÈLE.

Que serait-il de commun entre vous et ce modèle?

ROLLON.

Je vous jure sur l'honneur qu'il sera le mien.

GYSÈLE.

Mais le mystère a pour vous bien des attraits. Pourquoi avez-vous gardé jusqu'ici votre visière baissée?

ROLLON.

Il m'importe de vous cacher mes traits, non moins que mon nom.

GYSÈLE.

Il m'importe de les connaître ou de m'éloigner.

ROLLON.

Restez madame. Je me suis engagé par serment à remettre entre vos mains.... (*Il lui présente une écharpe.*) Vous reconnaissez cette écharpe, que jadis, dans un tournois célèbre, le vainqueur a reçu de vous, pour prix de son courage.

GYSÈLE.

En effet, ce tissu brodé de ma main....

ROLLON.

Vous rappelle celui qui eut la gloire de l'obtenir.

GYSÈLE.

Seigneur....

ROLLON.

J'en pourrais douter, s'il n'y avait dans vos traits

ne une nuance de trouble. Ce héros... Mais hélas! vous présenter ce gage dont il dut être si jaloux, et qui dut rester sur son cœur, tant qu'il avait encore à battre; qui sans doute lui inspirait le noble désir de se rendre de plus en plus digne d'occuper votre pensée, n'est-ce pas révéler?.... j'hésite, madame, et compatis au deuil que je vous annonce.

GYSÈLE.

Poursuivez seigneur.

ROLLON.

Un autre tournoi, vous n'y présidiez pas, ce qui peut expliquer le bonheur de mes coups, fut le théâtre de la mort de ce chevalier. Elle vous lègue une douleur que peut-être importune ma vue. Mais madame, je suis homme à mêler mes pleurs avec les vôtres. Lorsque mon rival près d'expirer m'eût fait l'aveu de tout ce qu'il perdait, m'eût dit de combien d'espérances j'allais enrichir la tombe: « que n'a-t-il pu vivre » pensais-je, et je déplorais presque que ce ne fût pas lui qui m'eût vaincu. Je lui ai juré qu'informée par moi de sa mort....

GYSÈLE.

Hé! bien, seigneur, vous m'en avez informée.

ROLLON.

Vous sauriez en même temps, que depuis le jour si glorieux où il reçut cette écharpe, il n'avait cessé de vous aimer.

GYSÈLE (*avec un sourire amer*).

Il vous l'a dit? mais votre message est achevé.

ROLLON.

Oui, madame, et me voici loin de mes alarmes. Moi, que l'attente de vos larmes faisait pâlir, et qui venais à vous, presqu'ausssi troublé qu'un criminel. je vois.....

GYSÈLE.

Vous déciderez-vous à vous retirer?

ROLLON

Je vois que ce guerrier prisait beaucoup trop le suffrage que vous sembliez accorder à sa valeur. Puisque c'est avec tant de froideur que vous accueillez la nouvelle de sa mort, il n'était pas aimé, non madame, il ne l'était pas.

GYSÈLE.

Je veux bien l'admettre.

ROLLON.

Vous me comblez de joie, mais faut-il que je croie à tant de bonheur! Il n'était pas aimé!

GYSÈLE *à part.*

Quel changement! que peut signifier....

ROLLON.

Il n'était pas aimé! l'imprudent, qui s'imagina l'être, et qui vint me faire connaître à moi l'orgueil de cette espérance! Vous vous en étiez doutée; mes regrets étaient simulés, et il s'en faut bien que mes pleurs aient coulés sur le sang de ce rival. Jamais ma lance n'en a versé qui laissât ma pitié dans un semblable silence.

GYSÈLE.

Cruel!

ROLLON.

Ah! plus je l'étais et plus je montrais d'amour.

GYSÈLE.

Vous osez...

ROLLON.

J'ose en attendre le retour, madame.

GYSÈLE.

Mais qui peut être cet homme !

ROLLON.

Un roi, s'il le veut ; un roi qui étend son empire sur vingt rois, et dont l'ambition n'a point d'obstacle à redouter sur la terre.

GYSÈLE.

Seigneur, vous me contraignez d'enfreindre cette réserve qu'à mon âge, une femme doit conserver en face de tout homme. Ah ! quelque soit votre rang, il n'est point d'infortune que je puisse égaler à celle d'en partager la gloire. Vous avez pris pour un calme, ressemblant au parjure, l'effort que j'ai fait pour vous dissimuler ma douleur. Mais celui que vous avez tué, apprenez que je l'aimais, et non moins peut-être.... non moins peut-être que je vous hais.

ROLLON.

Vous l'aimiez !

GYSÈLE.

L'accent de votre voix n'est plus le même. D'où provient ?...

ROLLON.

Vous l'aimiez ! Non sa dernière heure n'a point sonné.

GYSÈLE.

Qu'entends-je ?

ROLLON.

Il revient auprès de vous. Vous l'allez revoir...

GYSÈLE.

Le revoir !

ROLLON.

Oui vous l'allez revoir à vos genoux.

(Il lève sa visière.)

GYSÈLE.

C'était lui!

ROLLON.

Oh! pardonne à cette ruse heureuse qu'accuse le candide effroi de ta pudeur. Pardonne à mon cœur que cet entretien a rendu le fortuné complice des secrets du tien. Pardonne, et ne pense pas, toutefois que ma faute n'inspire aucun remords : j'ai tant à m'applaudir de l'avoir commise. Avoir obtenu de toi un tel aveu! J'en pouvais recevoir un moins flatteur; je risquais d'apprendre que je ne n'avais laissé dans ton souvenir qu'une trace légère, qu'une trace bientôt effacée.

GYSÈLE.

Oh non! lorsqu'à mes genoux, attendant la couronne de laurier que ma main allait poser sur votre front, vos regards soudain adoucis, votre demi sourire, m'annonçaient un aveu et m'imploraient d'y répondre, je sais trop que mes yeux n'ont pu manquer de trahir mon cœur; que ma confusion trop dépeinte dans ma rougeur dut vous empêcher de croire à un aussi prompt oubli. Hélas! admirer le courage fut souvent l'écueil de la fierté d'une femme.

ROLLON.

Déjà tant de bonheur, Gysèle! et combien tu l'augmentes.

GYSÈLE.

Que de questions j'ai à vous faire! d'où naît cette influence mystérieuse que vous exercez sur nos serviteurs? Quels sont les malheurs que mes pressentimens m'ont annoncés? J'avais oublié les scènes lugubres qu'a interrompues votre arrivée. Ces lieux paraissent empreints d'un effroi... qui passe dans vos yeux. Vous les baissez ; vous craignez que je ne les interroge. Pourquoi prolonger mon anxiété? dites-moi de suite...

ROLLON.

Ce qu'à la vérité, il n'est plus possible de vous taire.

GYSÈLE.

Qu'est-ce donc! ô mon Dieu!

ROLLON.

Cette nuit a été fatale à la gloire de votre maison.

GYSÈLE.

O mon malheureux père!

ROLLON.

Rassurez-vous : il vit et on le respecte.

GYSÈLE.

Ne serait-il plus le maître de cette citadelle!

ROLLON.

Non, madame; c'est le drapeau de Rollon qui flotte maintenant à ses créneaux.

GYSÈLE.

Rollon...

ROLLON.

Il s'en est emparé par surprise, mais il s'en faut bien qu'il ait abusé de son triomphe ; il n'a ordonné que la mort d'un traître, qui après lui avoir livré votre père, osait encore l'outrager. Il a... Vous ne m'écoutez pas. Un tel effroi se révèle dans vos traits....

GYSÈLE.

Que Dieu arme désormais mon cœur d'une force nouvelle, puisqu'il m'avait réservée au pouvoir de

Rollon, au pouvoir de cet homme qui, dit-on, a fait grandir le lit de la Seine par tout le sang qu'il a mêlé à ses flots! Quelles sont les consolations qui monteraient jusqu'au faîte de mes douleurs! Captive de Rollon! Oh! que ne suis-je morte avant de l'être.

ROLLON.

On vous a, ce me semble, présenté sous d'injustes couleurs, les faits d'armes du duc des Normands, et sa conduite ici donne un démenti formel à vos alarmes.

GYSÈLE.

Prendriez-vous sa défense?

ROLLON.

Rôle plus facile à remplir, que celui d'accuser sa gloire.

GYSLE.

Voilà des paroles indignes de vous. La gloire de Rollon!... Rétractez-les, et déclarez-moi que si vous êtes ici, c'est pour le combattre.

ROLLON.

Moi! madame.

GYSÈLE.

Vous combattrez Rollon, et vous le vaincrez, si vous voulez que je vous aime.

ROLLON.

Rollon vivant est votre salut; mort il serait votre perte: vivant, ses soldats le craignent; mort, ils le vengeraient.

GYSÈLE.

Qui êtes-vous, Seigneur? je m'en inquiète. Quand vous parûtes à ces joûtes qui honorèrent mon arrivée à la cour de mon oncle, le duc de Bretagne, cachant votre nom de famille, vous n'avez livré au maréchaux du tournoi, que le simple nom d'Aïthar. Vous n'êtes demeuré devant nos yeux que le temps de combattre et de vaincre. Je suis prête à m'interdire ce souvenir même, si en me disant enfin qui vous êtes, vous vous faites connaître pour un ami du duc des Normands.

ROLLON.

Qui l'a vu de près est orgueilleux de l'être.

GYSÈLE.

Qui l'est, devrait rougir d'en faire l'aveu.

ROLLON.

Rollon a des vertus...

GYSÈLE.

A vos yeux seuls.

ROLLON.

Vous le jugez si mal!

GYSÈLE.

C'est se déclarer traître à son pays, que de le juger mieux. Expliquez-vous. Seriez-vous du nombre de ces Français (on en a vu trop à notre honte), qui se sont faits vassaux de ce conducteur de pirates, et qui glacés par la peur, le suivaient et secondaient ses succès farouches; qui, enfin, donnaient avec lui la mort, pour ne pas la recevoir de lui?

ROLLON.

Je crains peu de convenir que j'ai pris beaucoup de part aux exploits que j'entends ainsi calomnier.

GYSÈLE.

Sortez: Gysèle vous a montré sa faiblesse; la fille du comte d'Evreux ne vous connaît plus.

ROLLON.

Madame...

GYSÈLE.

Après un semblable aveu de votre félonie, un mur s'élève entre nous, l'ignominie; et ce mur, ne vous attendez pas que jamais je le franchisse. Brisez, chevalier déloyal, brisez vos éperons. Vous les a-t-on donnés dans l'espoir que sous le drapeau de Rollon, vous combattriez le Christ et la France?

ROLLON.

Je suis trop ému pour pouvoir répondre. Avant peu, madame, vous mettrez moins de feu dans vos reproches. Les respects dont Rollon ne cessera point de vous entourer, vous montreront aussi qu'il n'est peut-être pas un barbare. Je me retire.

GYSÈLE.

Un mot. A peine osais-je exprimer un vœu!... c'est le plus doux que puisse former mon cœur.

ROLLON.

Si vous abjurez sur moi votre pouvoir, moi, je n'abjure pas mon obéissance. Ce vœu, quel qu'il soit, devient le mien, dès qu'il est le vôtre. Je jure d'avance....

GYSÈLE.

Hé bien, seigneur, tâchez d'obtenir de Rollon que j'embrasse mon père, qui dans son infortune a tant besoin de mon amitié, du baume de mes larmes.

ROLLON.

Il vous fera de Rollon une telle peinture...

GYSÈLE.

Que vous importe?... (*avec un sourire forcé.*) Ah! j'oubliais qu'il est votre ami.

ROLLON.

Et pourtant, s'il était juste, il conviendrait que peu de vainqueurs se seraient conduits envers lui avec une semblable générosité. J'ai engagé ma parole ; je ne la retracte pas. Vous verrez votre père. Mais promettez-moi de lui faire un mystère de la visite que vous avez reçue.

GYSLÉE.

J'aurai à le consoler de ses chagrins, et vous serez très certainement oublié... Pourquoi d'ailleurs lui révélerais-je ce dont je dois rougir ?

ROLLON.

Adieu, madame: vos préventions envers Rollon seront bientôt dissipées, et vous ne serez plus surprise de la tendre amitié que je lui porte.

SCÈNE IV.

GYSÈLE.

Quels évènemens, et quel est celui qui m'en a donné la nouvelle! celui... Il ne m'est plus permis de conserver son souvenir, et pourtant, ce souvenir m'était si doux!... Il était la seule distraction de mon cœur, parmi tant de chagrins et d'inquiétudes... Il s'enchaînait à une aimable espérance. Je m'imaginais ce chevalier, revenant riche d'une nouvelle gloire, déclarer à mon père son origine... Son origine!... Il ne me l'a point révélée ; si elle est illustre, ce que la noblesse de ses traits indique assez, il ne la cache que parce qu'il reconnait qu'il la déshonore. Comment allier l'idée du déshonneur, avec celle de tant de courage ! Mais, ne serait-il pas possible que son amitié pour l'ennemi de son Dieu et de sa patrie, amitié si condamnable, eût une cause *qu'il* me serait difficile de condamner, qui dût même exciter ma reconnaissance! Cette pensée prend de la consistance dans mon esprit. Oui, il se peut qu'Arthur, attentif aux dangers qui me menaçaient, et voulant me protéger contre eux, n'ait trahi que pour moi sa gloire et la France; qu'il n'ait servi Rollon, que pour obtenir pour prix de ses services, le droit de veiller sur mes jours et ma liberté... Sa modestie seule l'aura empêché de me faire cet aveu, et moi... (*après une légère pause*). Je cherche trop à le justifier; je conserve pour lui trop d'amour et n'en ai point assez pour mon père. Ah! c'est presque une impiété filiale, que d'avoir maintenant un seul sentiment qui n'en soit pas un de compassion pour son infortune!

SCÈNE V.

LE COMTE, GYSÈLE.

LE COMTE.

O ma fille! ma fille!

GYSÈLE.

Hélas! je viens d'apprendre tous nos malheurs.

LE COMTE.

Tu sais donc que cette citadelle, grâce aux intelligences de Rollon avec un traître, est devenu un repaire de plus pour ce pirate?... Pourquoi avons-nous gardé ces vêtemens qui sont un sarcasme pour notre opprobre et ne sommes-nous pas couverts de la vile bure de l'esclave?

GYSÈLE.

Depuis deux mois, vous deviez vous attendre à voir ce jour.

LE COMTE.

Je m'étais flatté que je le verrais d'un œil plus ferme, mais mon courage a blanchi comme ma chevelure. Cette demeure n'est plus à moi, ni toi non plus, hélas! tu ne m'appartiens plus, tu as un maître.

GYSÈLE.

Vous ne pleurez pas! des larmes soulageraient votre cœur, il est si oppressé!

LE COMTE.

Il l'est plus encore que tu le penses.

GYSÈLE.

Perdre à la fois, vos dignités, vos richesses!

LE COMTE.

Je suis menacé d'une perte bien plus cruelle. Ah! si Rollon n'eût conquis que de vaines murailles! si son espoir le plus cher... es-tu seule ici? n'est-il dans ce cabinet aucune de tes femmes?

GYSÈLE.

Je n'avais que Marthe avec moi et elle est sortie.

LE COMTE.

De sorte qu'en fermant cette porte, nous ne craindrons plus qu'on nous interrompe.

(Il va fermer cette porte, revient ensuite auprès de Gysèle et la regarde avec tendresse, puis il l'embrasse.)

O ma fille!

GYSÈLE.

Jamais votre accent ne fut plus tendre ni votre regard plus empreint d'amour, et cependant mon cœur se trouble; il a ce serrement par lequel les pleurs sont provoqués.

LE COMTE.

O ma fille!

GYSÈLE.

Il y aurait moins de douleur dans l'adieu qu'un ami prononce auprès du lit de son ami mourant, qu'il n'en est dans ce nouveau son de votre voix.

LE COMTE.

Ils viendront m'ordonner de semer pour eux les champs que l'on était habitué à semer pour moi! Au niveau de mes anciens vassaux, j'irai faisant l'apprentissage de leur vile patience, achever de blanchir, dans un sillon chaque jour trempé de mes sueurs.

GYSÈLE.

Ne serais-je pas avec vous, mon père? prenant part aux travaux que ces cruels vous imposeraient; trouvant dans mon amour la force de vous sourire. Vous le savez : quand vos traits agités m'annoncent que vous êtes en proie aux soucis, je n'ai qu'à vous sourire et leur sérénité reparaît. Mais vous exagérez votre infortune; non le tableau que vous avez dépeint, ne sera point celui de votre sort.

LE COMTE.

Ah! ce n'est pas moi qui suis le plus à plaindre!

GYSÈLE.

Je ne sens que vos maux et j'oublie les miens.

LE COMTE.

Tu n'ignores point quel éloge on publie de tes charmes; embellis encore par ta pudeur, ils t'ont valu dans les chants du ménestrel, le doux surnom de lis d'Evreux : ce nom, tu n'en seras bientôt plus digne.

GYSÈLE.

Oserais-je comprendre!

LE COMTE.

Cette beauté, l'un d'eux se rendra près de toi, ma fille, et il te dira : elle m'appartient.

GYSÈLE.

Grand Dieu!

LE COMTE.

Tu m'aimeras, ajoutera-t-il, ou bien, tu auras l'adresse de le feindre. Le jour, tu me verseras l'hydromel à nos banquets; la nuit, livrée à mes feux...

GYSÈLE (*avec un geste d'horreur*).

Jamais.

LE COMTE.

Quelle serait contre eux, ton égide? faible femme, ne serait-il pas assez fort pour dompter tes résistances?

GYSÈLE.

Que devenir!

LE COMTE.

Et quel est cet homme? qui t'imposera le joug de son féroce amour? cet homme, ma fille... cet homme n'est autre que Rollon.

GYSÈLE.

Rollon!

LE COMTE.

Si mes mains n'ont point encore reçu de chaînes, s'il a semblé même m'entourer de quelques respects, c'est qu'en te présentant un amant paré de l'ignominie de ton père, il t'eût causé une trop vive horreur. Il m'a dit en face, que sa passion pour toi était mon unique sauve-garde

GYSÈLE.

Aimée de Rollon !

LE COMTE.

Que tu deviennes sa femme ou sa favorite, tu ne peux t'unir à lui que par un lien infâme. Sa femme ! tes aïeux, ma fille, briseraient le marbre de la tombe, pour arracher leur nom à cette flétrissure. Tu verrais ces ombres généreuses s'élancer devant toi, quand tu approcherais de l'autel nuptial, et leurs cris d'indignation et de douleur t'en interdiraient l'accès. Sa femme ! Dieu pourrait-il ne pas rompre avec sa foudre ce nœud sacrilège ! Il t'enverrait dans l'abîme de feu où est le trône de sa colère, souffrir avec les dieux qui reçoivent le culte de ton amant. Favorite!.. je n'ajoute rien à cette parole qui suffit pour faire révolter dans tes veines le sang que tu as reçu de moi. Comment te soustraire, ma fille, à l'une ou l'autre ignominie? Comment ? je pourrais hésiter, si j'avais pour toi moins d'amour. Rollon ne peut opprimer les morts, ni aimer un cadavre. Avant qu'il ne soit venu à toi, voilà... voilà ton défenseur. (*Il tire un poignard de son sein*).

GYSÈLE.

Ce fer !

LE COMTE.

Oui, ce fer. Si c'est en détournant les yeux que je te le présente, c'est que l'aspect des pleurs que j'y sens venir peut détruire ou énerver ton courage. Mais, non; ma fille est forte et il n'est que moi que cette arme intimide. Ma fille a prêté l'oreille à l'appel de ses ancêtres. Ma fille veut mourir... pour vivre dans le ciel.

GYSÈLE.

Quoi ! c'est de ma propre main...

LE COMTE.

Donne, ce sera ma main, si la tienne tremble. Hélas ! celle-ci tremblera-t-elle moins?

GYSÈLE.

On ne peut arriver jusqu'à nous ; vous avez pris soin que la victime ne pût être soustraite au sacrifice; pourquoi donc me réunir sitôt à ces cruels aïeux ! Je dois perdre la vie; je dois la perdre de la main d'un père, qui par sa tendresse, me l'a toujours fait chérir. Laissez-moi la pleurer sur votre poitrine; laissez-moi recevoir encore quelques-unes de vos caresses accoutumées. Mon cœur ne donne à ce trépas qu'un consentement timide, et je vous aime trop, pour avoir plus de fermeté.

LE COMTE.

O! mon Dieu !

GYSÈLE.

M'ôtez-vous tout espoir dans sa bonté? Ne peut-il détourner de nos têtes les calamités qui planent sur elles.

LE COMTE.

L'Océan de douleurs que tu traverses, n'a qu'un seul port. Laisse-moi t'y pousser fille chérie ; n'essaie point de rester enchaînée au joug de la vie, au joug de la honte.

GYSÈLE.

Oh! pas encore! oh! non, mon père ! un moment de prière avant la mort !

LE COMTE.

Va, noble et sainte martyre de la chasteté, tu te retires dans le repos de Dieu. Ta plus belle prière est de présenter à mes coups ce cœur dépositaire fidèle d'un trésor dont il est si jaloux, dépositaire fidèle de la vertu qui est la gloire de ses anges.

GYSÈLE.

Vous ne m'embrassez plus.

LE COMTE.

Puissé-je faire repasser toute mon âme sur mes lèvres! (*il l'embrasse*) Pardonne-moi l'inflexible devoir que je suis près d'accomplir! A quel père en fut-il imposé un semblable! Quel père a été contraint de tuer sa fille pour lui prouver son amour!

GYSÈLE.

Rendez-le moi ce poignard; j'ai senti renaître mon courage, et je me reconnais pour être née de vous. C'est à moi seule de me frapper; rempli par vous, ce devoir serait un parricide.

LE COMTE.

Oh! sois bénie.

(Il lui rend le poignard.)

GYSÈLE.

L'aspect de la mort glaçait mon âme et désormais...

(Elle approche le fer de son sein, puis le jette soudain loin d'elle.)

Non, non! Je ne consens point à mourir.

LE COMTE.

Ma fille!

GYSÈLE.

Pourquoi voulez-vous me tuer? je n'ai commis aucun crime.

(La porte est fortement agitée).

LE COMTE.

On est venu, cette porte s'ébranle: tu n'as que ce seul instant, pour échapper à l'infamie.

(Il court ramasser le poignard, on entend la voix de Rollon, qui dit ces paroles

Épargne ta fille, et je te jure de renoncer à elle.

GYSÈLE.

O bonheur ! c'est la voix d'Arthur.

LE COMTE.

D'un accent terrible.

C'est la voix de Rollon.

GYSÈLE.

Ah !...

(*Elle tombe à la renverse, la porte vole en fracas, Rollon s'élance sur le comte.*)

SCÈNE VI.

LE COMTE D'ÉVREUX, ROLLON, GYSÈLE.

ROLLON.

Si je l'avais trouvée morte, vous ne vivriez déjà plus.

FIN DU DEUXIÈME ACTE.

ACTE TROISIÈME.

La scène représente l'intérieur de la chapelle du château d'Évreux. Il fait nuit et la lune brille.

—

SCÈNE I.

ROLLON, GYSÈLE.

GYSÈLE.

Est-ce vous, Rollon ?

ROLLON.

Vous m'aviez dit : « Trouvez-vous à minuit dans la chapelle du château. » Et je suis honteux de ne pas vous avoir dévancée.

GYSÈLE.

Ce lieu est saint. Toute parole profane insulterait la majesté du Dieu qui y fait sa demeure.

18

ROLLON.

Quoi ! vous me défendez...

GYSÈLE.

De m'entretenir d'un sentiment, qu'ailleurs je ne puis accueillir sans honte, dont ici, je ne puis entendre l'aveu sans crime.

ROLLON.

Y pensez-vous, Gysèle ? mais vous me parlez d'un ton si ferme, qu'en vérité...

GYSÈLE.

J'ai voulu vous déclarer que, dès que j'ai su qui vous étiez, je me suis élevée à la hauteur de mon devoir qui me défend d'aimer l'ennemi de mon Dieu, l'ennemi de ma patrie. Cette déclaration, je ne vous la fais si solennelle, et dans un lieu qui l'est tant lui-même, que pour qu'il ne reste aucune illusion dans votre cœur, que pour anéantir toutes vos espérances.

ROLLON.

Ne m'éprouvez point ainsi. Déjà, je sens naître ma colère, et je la redoute, car elle est terrible.

GYSÈLE.

J'en dois redouter un plus terrible encore, celle de mon Dieu. Ce serait un tel crime à ses yeux, que de garder pour Rollon, dont la gloire n'est qu'un perpétuel outrage de la sienne, les sentimens que m'avaient inspiré les exploits d'Arthur !.. J'ai mis ma confiance en lui et son secours ne s'est pas fait attendre. Il m'a préservée de la honte de me repentir de mon sacrifice, de trouver même que c'en était un. Maintenant, il me semble que je vous ai toujours vu du même œil que toutes les femmes de

France, qu'il me sera naturel de vous maudire.

ROLLON.

Malheur à ton Dieu ! si c'est lui qui t'inspire de me traiter ainsi. Je m'élancerai, comme un lion, dans ses temples; je paverai les rues des reliques de ses saints; j'anéantirai son nom dans tous les lieux où règnera le mien.

GYSÈLE.

Roseau que vous êtes, s'il daignait entendre vos blasphèmes...

ROLLON.

Je te regarde, et j'ajoute aussi : malheur à toi ! Tu me hais, dis-tu, parce que tu sais qui je suis; non tu ne le sais pas; tu ne connais pas encore Rollon.

GYSÈLE.

Mon père le connaissait trop. Que ne l'ai-je écouté !

ROLLON.

Ton père ! que j'aurai de plaisir à punir enfin ses trop longs outrages! Il ne faut pas croire que je n'aime pas la vengeance. Il m'en a coûté cher de différer la mienne.

GYSÈLE.

Barbare !

ROLLON.

Je le suis à un point que ta pensée ne concevrait guère. Le chemin par où passe ma colère est semé de traces qui font frémir.

GYSÈLE.

Que devenir hélas ! quel sera mon refuge !

ROLLON.

Que devenir ? c'est moi seul qui peux te répondre, car tu es ma captive, et je suis l'arbitre de ton sort. Tu m'as dédaigné, à mon tour je te dédaigne. A l'un de mes soldats, et au dernier de tous, cette femme qui s'est ainsi méconnue ; qui a osé, ce que n'auraient point osé des filles de rois, mépriser l'offre de ma main !

GYSÈLE, (*avec l'accent de l'égarement*).

Qu'a-t-il dit ?

ROLLON.

Dès ce moment, je deviens impitoyable pour ce sexe et inaccessible aux faiblesses qu'il inspire.

GYSÈLE.

Rollon ! mon père est venu à moi et m'a dit : « Consens à mourir. » La vie m'était chère car je vous aimais ; ma main imprudente écarta le fer qu'il approchait de mon sein. Combien je suis punie de ne pas l'avoir laissé faire ! Cette vie que je regrettais alors, elle est maintenant devenue l'objet de ma haine la plus vive. Vous avez votre épée, et je vous ai assez offensé, pour que vous versiez légitimement un sang que je ne veux plus défendre. Je vous conjure et c'est en embrassant vos genoux, je vous conjure de me donner la mort.

ROLLON.

Qu'ai-je fait ?

GYSÈLE.

Par estime pour vous même, n'avilissez point une femme que vous aviez crue digne d'être votre épouse. Vos paroles ont tellement glacé mes sens, que je m'étonne d'avoir encore assez de force, pour vous adresser cette prière.

ROLLON.

Malheureuse femme !

GYSÈLE.

Vous commencez à me plaindre ; ne laissez point refroidir cette pitié, au nom....

ROLLON.

Au nom de qui veux-tu implorer un être qui vient de fouler sous ses pieds tout ce qu'il y a de plus sacré ? Suis-je sorti d'un rêve ? cet horrible transport contre une femme est-il une réalité ? Je me suis souvent vanté d'être généreux ; qui est plus lâche que moi ! Pardon, Gysèle, tu as vu l'excès de mon amour, dans l'excès même de ma férocité. A l'un de mes soldats !.. quel est celui d'entre eux qui oserait te regarder d'un œil insolent et se promettre de vivre ? Je veux que tu sois leur divinité, comme tu es la mienne. Ah ! si tu ne sèches pas tes larmes, ce sera à moi de mourir, car je ne pourrai supporter l'aspect de la douleur que j'ai causée.

GYSÈLE.

Cette secousse a été si violente...

ROLLON.

C'est que m'ôter ton amour, n'est-ce pas m'ôter le seul bien que j'ai cherché à travers tant de périls et de gloire ! Veux-tu être reine ? donne-moi quelques jours pour placer sur ton front la couronne de France. Veux-tu être servie par des reines ? dans quelques mois, toutes celles de l'Europe seront à tes pieds.

GYSÈLE.

J'aurais un orgueil plus haut encore, Rollon. Écoutez : ce n'est point uniquement pour vous dire que je renonçais à vous, que je vous ai amené dans [illegible] Il m'a semblé que j'y trouverais bien plus propice qu'en tout autre à seconder un vœu qui [illegible] est accompli...

ROLLON.

Il le sera, s'il ne depend pas de lui seul et s'il peut [illegible] dépendre d'un homme.

GYSÈLE.

Oui, si ce vœu si cher est accompli, je ne serai plus contrainte à vous haïr, à me haïr moi-même car il est trop vrai que je vous aime.

ROLLON.

Femme charmante, doutes-tu que quelque soit ton espérance, tu ne me verras pas empressé à y répondre?

GYSÈLE.

Je me servirai des termes les plus doux, pour vous conjurer de me donner tant de bonheur.... Mon bien aimé, fais-toi chrétien.

ROLLON.

Quoi! c'est là....

GYSÈLE.

C'est là ce qui te rendrait si cher à Gysele; qui ferait sa gloire d'un amour qui est maintenant sa honte; c'est là ce qui changerait en accens de joie les malédictions de la Neustrie; c'est là ce que je préfère de beaucoup au diadème que tu viens de m'offrir.

ROLLON.

Je vais te surprendre, Gysèle: ton Dieu ne me fut pas toujours inconnu. Je le trouve dans les premiers souvenirs de mon enfance, et mon front a été marqué de l'eau sainte qui est le signe de son adoption.

GYSÈLE.

Qu'ais-je entendu? Juste ciel! vous auriez été chrétien, Rollon, vous êtes donc un apostat.

ROLLON.

J'ai changé de religion à un âge où l'on ressemble a une cire molle qui reçoit quelle forme on veut lui donner. Emmené en captivité dans la Norwège...

GYSÈLE.

Emmené en captivité!

ROLLON.

Comme tant d'autres enfans, que sur les rives de la Seine, les Normands arrachèrent du sein de leur mère.

GYSÈLE.

Oh! se peut-il? Vous étiez Français et vous êtes devenu le fléau de la France.

ROLLON.

J'ai grandi parmi les fils des Normands; leur roi Hengild dont l'épouse était stérile, m'adopta même pour le sien. On m'apprit à frémir, au nom de la France, à pleurer de rage, lorsque sans moi, nos guerriers partaient pour y conquérir du butin et de la gloire. C'est l'éducation seule qui forme les liens qui nous attachent à la patrie, et moi l'on me fit une vertu de déchirer le sein de la mienne. Ah! lorsqu'après la mort d'Henghild, ses sujets me mirent à leur tête, et s'écrièrent, ravis des espérances que leur donnaient ma jeunesse et mon courage. « A la voile et vers la France! » Je te peindrais difficilement quel fut l'élan de ma joie.

GYSÈLE.

Pauvre infidèle, tu es plus digne de compassion

que de colère. Va, ton âme est trop belle, pour rester enchaînée au culte de ces divinités féroces, qui ne sont après tout que des inventions de l'homme. Reviens courber ton front devant celui-là seul qui mérite d'être adoré. Fais-le connaître à tes soldats; il accueillera le retour d'un fils qui lui en amènera tant d'autres.

ROLLON.

Ce n'est pas la première fois que la pensée de faire embrasser le christianisme à mes soldats se présente à mon esprit. Cette religion, amie de la paix, m'aiderait à civiliser ces caractères sauvages à qui celle d'Odin n'a pu apprendre qu'à vaincre.

GYSÈLE.

Oh! n'arrête point l'élan d'une si noble pensée

ROLLON.

Il va dépendre de toi que je ne l'arrête pas.

GYSÈLE.

Ah! s'il est en mon pouvoir de te faire rentrer dans le sein de l'église...

ROLLON.

Tu n'hésiteras pas... n'hésite donc pas à m'accorder ta foi, à recevoir la mienne.

GYSÈLE

Vous me proposez...

ROLLON.

De m'accepter pour époux; pour obtenir ce titre je consens à reprendre celui de chrétien.

GYSÈLE.

Vous ne prétendez pas que j'ose, à l'insu de mon père...

ROLLON.

Je prétends que ce soit ta main qui me ramène aux autels du Christ.

GYSÈLE.

Mais quand mon père vous aura vu abjurer l'idolâtrie...

ROLLON.

Je n'exposerai point mon orgueil à un nouveau refus. Il m'a trop montré ses sentimens. Normand ou Français, idolâtre ou chrétien, il ne m'accorderait pas sa fille.

GYSÈLE.

Par ces mots vous condamnez la proposition que vous m'avez faite, et je ne saurais être votre épouse.

ROLLON.

Je ne saurais donc renoncer au culte d'Odin.

GYSÈLE.

Quoi! il faut...

ROLLON.

Il faut que tu sois à moi, pour que je sois à ton Dieu.

GYSÈLE.

Mais vous faire le sacrifice de mon amour, de ma vénération pour mon père!

ROLLON.

Ce sacrifice... ce n'est pas à moi qu'il serait fait.

GYSÈLE.

Vous voulez dire...

ROLLON.

Que tu le ferais à ce Dieu même. C'est à toi de juger s'il en est digne.

GYSÈLE.

Non. Je ne puis supporter la pensée...

ROLLON.

D'être la cause d'une joie qui ferait oublier à l'Église les douleurs qui l'accablent depuis un siècle; de changer en défenseurs intrépides ses ennemis les plus acharnés; d'être bénie par elle; de rendre ton nom célèbre parmi ceux qu'elle honore.

GYSÈLE.

Quel tableau !

ROLLON.

Ces nœuds formés, ton père sera forcé d'imposer silence à ses répugnances injustes, et de les reconnaître.

GYSÈLE.

Mais lui si bon ! si tendre pour moi !...

ROLLON.

Motif de plus pour t'enhardir... Il ne tardera pas à te pardonner.

GYSÈLE.

Un tel coup blesserait tant son cœur !

ROLLON.

Mais il en épargnerait un plus cruel encore au cœur de ton Dieu.

GYSÈLE.

C'est de lui que m'est venu l'ordre d'honorer mon père.

ROLLON.

J'ai lu sa loi. Il veut qu'aucun autre intérêt ne soit un obstacle, quand il s'agit de celui de sa gloire.

GYSÈLE.

A quoi me résoudre ?

ROLLON.

Fixe tes regards sur cet autel... son aspect doit t'en [illegible] la décision

GYSÈLE.

Vous avez besoin qu'un prêtre vous instruise dans les mystères de cette foi que vous avez oubliée.

ROLLON.

A quoi bon un prêtre? je crois tout ce que tu crois, j'aime tout ce que tu aimes.

GYSÈLE.

Mais...

ROLLON.

Si ce langage trop profane effraie ta piété, rassure-toi, Gysèle. Dans mes diverses excursions en France, j'ai observé vos mœurs et étudié la religion qui en est l'âme; j'ai apprécié son immense supériorité sur celle d'Odin. Je sais donc à quoi je m'engage en redevenant chrétien, et même, je satisfais à la fois ma raison et mon amour. Viens donc me donner ta foi devant ce Dieu vers qui toi seule me ramène. Quelle heure se retrouverait qui fût plus propice que celle-ci!

GYSÈLE.

Grand Dieu! punissez-moi, si ce n'est pas pour votre gloire seule que j'agis. La honte secrète qui parle au fond de mon cœur ne m'avertit que trop que je cède, en même temps, aux conseils d'une passion coupable. Hélas! l'horizon de ma vie s'est obscurci; il ne m'offre plus qu'un tableau de malheurs.

ROLLON.

Quoi! tu t'éloignes...

GYSÈLE.

Il est dans ce château un prêtre vénérable, que j'ai plus d'une fois consulté, dans les anxiétés de mon âme. Il passe la plus grande partie des nuits en prière et peut-être veille-t-il encore. Je vais le trouver; s'il approuve...

ROLLON.

Exposerais-je le sort d'une telle félicité à une chance aussi incertaine? Non, Gysèle, tu n'iras point trouver cet homme.

GYSÈLE.

Ne voyez-vous pas que je saurai aussi bien le persuader que j'ai persuadé ma conscience, et si vous regardez cette heure comme si propice à notre union, ne faut-il pas que nos sermens soient reçus, bénis par un prêtre?

ROLLON.

Oh! cours vers lui, aie des ailes, et sois plus rapide que l'oiseau qui vole au nid où l'attendent ses petits.

SCÈNE II.

ROLLON.

Je l'aurai donc enfin cette femme tant aimée, plus aimée encore que la gloire... oui plus aimée, puisque je lui sacrifie ce qu'il est de l'honneur d'un homme de garder intact jusqu'à la mort, son dévoûment envers ses dieux. Mais pour être fidèle aux miens, ne faudrait-il pas d'abord y croire, et depuis que ma raison s'est formée, je les regarde comme le féroce produit de l'imagination d'un guerrier. Non ce n'est point seulement à l'amour de Gysèle que j'accorde cette apostasie, c'est à moi-même, qui rougis de fléchir le genou devant des divinités qui n'existent pas. Je l'ai déjà dit; ma politique seule demandait que je fusse chrétien, que je contraignisse mes soldats à l'être. Je ne suis point venu sur ces rives, avec l'ambition d'un pirate qui ne sème la terreur que pour récolter de l'or; je veux régner sur les villes que j'ai conquises, y faire fleurir la justice, et mes soldats ne respecteront les jours et les biens de ceux qu'ils ont vaincus, qu'en recevant, avec le baptême, une loi qui ordonne d'honorer le faible. Ils murmureront sans doute; mais si ces murmures vont jusqu'à la révolte, bien des têtes tomberont sous ma hache d'armes, avant qu'on arrive à la mienne. Dans cette heure de félicité, puis-je occuper mon esprit de ces inquiétudes. C'est outrager Gysèle, que de ne pas songer à elle seule. Comme mon cœur vient de bondir! C'est qu'il m'a semblé entendre son approche. Dans quelques instans! A cet autel!... Dieu des chrétiens, que ne te donnerais-je pas, en reconnaissance de la compagne que tu me donnes!... Mais ce pas est bien lourd pour être celui d'une femme. Non ce n'est pas là Gysèle.

(Il s'avance de manière à voir au dehors.)

Ni le prêtre qu'elle m'avait annoncé. A la clarté de la lune, j'aperçois un cimier, une cotte de mailles. D'où naît le froid qui se glisse dans mes veines? ce ne saurait être celui de la peur? Est-ce celui d'un pressentiment qui m'annonce quelque scène funeste?

SCÈNE III.

ROLLON, ROGER.

ROLLON.

Qui êtes-vous?

ROGER.

Roger, fils du comte d'Évreux; mais quel est celui qui m'interroge? si je ne me suis point trompé, le son de cette voix...

ROLLON.

Vous a fait reconnaître que vous étiez devant un ami.

ROGER.

Tu n'es donc pas Rollon, car si tu l'étais, tu ne te dirais pas mon ami.

ROLLON.

Voici ma main, Roger : serre-la sans méfiance; je te déclare...

ROGER.

Écoute : j'étais dans mon lit, et je n'y pouvais pas dormir. L'opprobre de la maison d'Évreux était devant mes yeux et les empêchait de se fermer. Je me livrais aux sentimens d'une haine telle, que mon cœur se soulevait, comme la vague d'une mer agitée. Je m'élançai de mon lit, en m'écriant; « Je n'y rentrerai pas, sans être vengé. » J'accourais à cette chapelle, pour demander à Dieu de te livrer entre mes mains. Je ne pensais pas qu'il m'exaucerait, avant même d'avoir entendu ma prière.

ROLLON.

Tu crois donc que c'est lui qui m'a conduit ici comme une victime.

ROGER.

Ou c'est son inspiration qui t'a amené à ta perte; ou tu n'es venu dans ce lieu saint, que pour l'insulter.

ROLLON.

Tu as résolu de fatiguer ma patience, et malheur à toi, si tu réussis.

ROGER.

Malheur à toi-même ! tu n'es pas le seul qui saches se servir d'un glaive.

ROLLON.

Si tu respectes ton Dieu, est-ce ici que tu oserais tirer le tien ?

ROGER.

Plus qu'en tout autre lieu. Ce Dieu m'animera de son regard, me couvrira de son ombre. Quel acte plus agréable, pour lui et ses anges, que de t'immoler devant son autel dont la vue me rappelle tant de sacriléges ? Quel encens lui serait plus doux que celui de ton sang, qui ne saurait expier tous tes crimes, quand chacune de ses gouttes en laverait un.

ROLLON.

Oublies-tu que Rollon est la terreur de la France, et que des bataillons entiers fuient, quand ils entendent le son de sa voix ?

ROGER.

Des bataillons de lâches ne valent pas un seul homme qui a du courage.

ROLLON.

S'il connaissait les motifs de mon hésitation !

ROGER.

Ils sont peints sur ton visage, et ta pâleur ne me les a que trop expliqués.

ROLLON.

Ecoute-moi, Roger : tu verras que nous ne pouvons

croiser le fer l'un contre l'autre. Tu sais que j'aime ta sœur.

ROGER.

Et n'est-ce pas là un des outrages dont je prétends tirer vengeance!

ROLLON.

Tu ignorais que cet amour est partagé.

ROGER.

Que...

ROLLON.

Que ta sœur, que Gysèle, moins injuste que ton père et toi, a senti que ma conduite était digne de quelque reconnaissance; que peu de vainqueurs useraient, envers les vaincus, d'une pareille magnanimité... Mais déjà, depuis long-temps, nos cœurs s'étaient donnés l'un à l'autre.

ROGER.

Tu en as menti par la gorge, infâme mécréant.

ROLLON.

Certes, c'en est trop.

ROGER.

Prétendre que Gysèle... Mon front s'en est couvert d'une rougeur brûlante. Lui faire un tel affront, et devant son frère!

ROLLON.

J'atteste par serment...

ROGER.

Que notre ignominie est montée au faite; que ma sœur s'est à ce point avilie... Ah! si j'étais sûr qu'elle t'aime...

ROLLON.

En veux-tu des preuves? tout-à-l'heure, elle était ici.

ROGER.

Et je n'y étais pas !

ROLLON.

Elle m'a promis sa main ; elle n'est sortie que pour aller chercher un prêtre, et, dans quelques instans, elle sera mon épouse.

ROGER.

L'épouse d'un cadavre ! oui, c'est un cadavre que je livrerai à ses embrassemens. Je veux qu'en entrant ici, elle glisse sur ton sang, et si elle pleure, l'infâme, moi je rirai d'un affreux rire. Je prendrai ta main glacée, et, l'unissant à la sienne, c'est moi, c'est moi qui serai votre prêtre... Ensuite son juge. Elle n'échappera pas plus que toi à ma colère. Défends ta vie.

ROLLON.

Quoi ! après ce que je viens de te dire...

ROGER.

Ce que tu viens de me dire a changé ma fureur en rage. Ma sœur femme de Rollon ! ô mon Dieu ! ô mes ancêtres !

ROLLON.

Ni l'un, ni les autres n'auraient à se plaindre d'une telle alliance ; non pas ton Dieu, car j'abjure le culte d'Odin et j'embrasse le christianisme ; non pas tes ancêtres, car, si puissans qu'ils aient été, aucun d'eux ne le fut autant que moi, et les rois seuls sont mes égaux, quand ils ne sont pas mes esclaves.

ROGER.

Que m'as-tu dit ? que tu vas te faire chrétien.

ROLLON.

Je le suis déjà de cœur et je...

ROGER.

Et tu veux l'être de bouche. Jamais bouche plus indigne n'aurait confessé le nom du vrai Dieu.

ROLLON.

O Gysèle! quelle preuve d'amour je te donne en restant si calme!

ROGER.

Si c'est elle que tu attends pour te baptiser, je puis la remplacer, et je le veux; prépare-toi donc à recevoir de ma main le baptême, mais celui du sang.

ROLLON.

Je te conjure de réfléchir. Je sais quelle serait l'issue de cette lutte. Faudrait-il donc que la première fois que mes mains s'élèveront vers ton Dieu, elles sentissent l'odeur du meurtre!

ROGER.

Je me retracte. Tu aurais grand tort de ne pas te faire chrétien. Tu pratiques déjà admirablement la loi de l'évangile qui ordonne d'être insensible à l'injure.

ROLLON.

Tu sais mieux que moi que ton Dieu regarde le pardon comme la plus belle des vengeances

ROGER.

Il ne te manque plus que de revêtir une aube, et d'aller prêcher cette sainte doctrine à tes soldats. Reste à savoir s'ils seront flattés d'obéir à un moine pusillanime, eux qui, s'ils avaient un tigre pour chef, ne le trouveraient pas encore assez féroce.

ROLLON, (*d'une voix sombre*).

Roger?

ROGER.

Est ce la parole d'un suppliant!

ROLLON.

C'est le grondement du lion dont un chien hargneux a fatigué la patience, et qui est prêt à lever son ongle.

ROGER.

Ah ! c'est plutôt le cri du héron qui frissonne devant son ombre.

ROLLON.

Tu mourras.

ROGER.

Si ce n'est que de ta main, je serai éternel comme Dieu même.

(Ils se battent.)

Je suis blessé. Le fer a pénétré jusqu'aux ressorts de l'âme. Oh !...

(Il tombe.)

ROLLON.

Quel homme a osé attaquer Rollon qui ne soit tombé ainsi !

ROGER.

N'oublie pas de dire à ma sœur que je l'ai maudite, que si j'avais vécu une heure de plus...

ROLLON.

Il se tait et sans doute de l'éternel silence. Sur un champ de bataille, le meurtre d'un homme enflamme le cœur et le remplit d'une joie sauvage; d'où vient que la même action dans un autre lieu, le remplit de trouble et d'horreur? Je n'ose regarder mes mains : je n'ose regarder la face déjà décolorée de ce malheureux. Est-ce donc un crime de m'être laissé émouvoir par les plus insultantes provocations ? car il ne s'agissait plus seulement de pardonner, mais de défendre ma vie... Je ne laisserai pas là ce cadavre. Gysèle, à son aspect, reculerait épouvantée, et quel que soit son amour, elle ne donnerait jamais sa main au meurtrier de son frère. Où le cacher?... Il me semble que dans le fond de cette chapelle et derrière ces piliers sombres...

(Il l'y porte.)

Ah! cette fois, c'est bien le pas de Gysèle. Lui déroberais-je la vue de mon effroi, comme je lui ai dérobé celle de ma victime.

SCÈNE IV.

LES PRÉCÉDENS, GYSÈLE, UN PRÊTRE.

GYSÈLE.

Voici le prêtre dont je vous ai parlé; je n'ai plus le droit de vous refuser ma main, car il pense que c'est Dieu même...

LE PRÊTRE.

Qui vous a inspiré de sceller par là son alliance entre lui et son ennemi; oui, Gysèle.

GYSÈLE.

Et pourtant, ma conscience murmure. Un sombre pressentiment m'agite. L'hymen sourit d'ordinaire au cœur de la jeune fille, ou bien n'excite en elle que le trouble de la pudeur; et moi, il me semble qu'au lieu du myrte joyeux, c'est une couronne de cyprès que je pose sur ma tête.

LE PRÊTRE.

Illusion du tentateur, pour vous détourner d'un dessein d'où naîtra sa honte.

GYSÈLE.

Est-ce une illusion aussi que cette peinture de mon père qui se grave dans mon cœur? de mon père accusant la lenteur de la mort, et se plaignant qu'elle n'eût pas fermé ses yeux, avant qu'ils eussent pu voir mon ingratitude; se frappant la poitrine, accablant de ses malédictions la fille qu'il avait tant de fois bénie... Vous verriez un jour ce tableau, Rollon, et il vous percerait l'âme. Est-il donc nécessaire que je sois le prix de votre retour vers Dieu? Ce Dieu n'est-il pas digne que vous l'aimiez, que vous le recherchiez pour lui-même?

ROLLON.

C'est à cause de toi seule que je suis chrétien et tu sais quels dangers je cours à l'être.

GYSÈLE.

Attendons du moins quelques temps pour former ces nœuds. Maintenant, je n'approcherais de cet autel qu'avec les transes d'une victime.

ROLLON.

Nous n'avons que trop attendu. Voici déjà l'alouette qui annonce le lever du jour.

GYSÈLE.

Vous-même, Rollon, il semble qu'en dépit de vous, vous partagiez mon effroi. Vous êtes d'une pâleur...

ROLLON.

S'il y a en moi quelque crainte, c'est celle que ton père ne s'éveille, qu'il ne nous surprenne; qu'ainsi notre bonheur soit retardé.

GYSÈLE.

Notre bonheur!

LE PRÊTRE.

A genoux ! fils infidèle d'un Dieu qui veut bien oublier que le sacrilège fut ton pain de chaque jour, et que le sang de ses martyrs fut ton breuvage. A genoux ! chef d'un peuple qui s'est fait une joie sauvage de la désolation du sien. Que feras-tu pour sa gloire, après avoir tant fait contre elle ?

ROLLON.

Je lui consacrerai mon épée, et elle sera terrible à ses ennemis.

LE PRÊTRE.

Qu'elle se rouille dans son fourreau ! ce sera ta meilleure manière d'honorer ce Dieu. Ses ennemis ! il n'en est point sur la terre qui ne soient ses enfans, et ses entrailles se troublent, quand leur sang coule. Ses ennemis ! l'évangile ne se propage et ne s'affermit que par les armes de la persuasion, et non par celles que l'on forge avec le fer. Il faut à Rollon chrétien d'autres maximes, qu'à Rollon idolâtre. Tes dieux voulaient que des monceaux de cadavres fussent leurs autels, et des soldats au cœur de tigre leurs prêtres. Le mien a dit à l'homme : vous ne tuerez point, et partout où sa croix s'élève, il veut que la paix habite à son ombre.

ROLLON.

S'il m'interdit de faire la guerre, s'il faut briser cette armure ou ne la porter que comme un ornement stérile, je préfère...

LE PRÊTRE.

Non, tu ne préfères pas persévérer à être le fléau du monde. La gloire dont tu as nourri ton orgueil, et que tant de ruines célèbrent, est-elle donc plus douce que celle qui serait racontée par mille bienfaits? Vaut-il mieux laisser sur tes pas le silence de la mort, qu'un concert unanime de louanges? A genoux de nouveau, lion qui te figures que Dieu a besoin de ta férocité. C'est pour la dompter, non s'en servir, qu'il daigne t'accueillir dans son église.

ROLLON.

Je donne la paix à ces contrées, c'est la dot que j'apporte à Gysèle. Mais je ne m'engage point à les céder sans combat, si, plus tard, leur possession m'est disputée, et sachez-le, prêtre : Rollon défendra toujours avec le glaive, ce qu'il a conquis avec le glaive.

LE PRÊTRE.

Il ne t'est pas défendu, si l'on t'attaque, de recourir à ton courage; mais ne va plus au butin, altéré de carnage et sentant le besoin de respirer l'odeur du sang. Dieu t'inspirera ses lumières. Tu t'étonneras bientôt du changement qui se sera fait dans ton âme. Je ne retarderai point la réconciliation sacrée que j'ai droit de faire, et me voici prêt à t'absoudre.

(Rollon se met à genoux).

Je te délie des anathèmes qu'a encourus ton apostasie et te rétablis dans tous les droits de ton baptême. J'applique à ton âme les mérites du sang du Christ, sang auguste qui la purifiera des souillures de l'idolâtrie. Tu cesses donc d'appartenir à l'enfer, et tu es redevenu enfant de Dieu.

ROLLON.

Tu l'entends, Gysèle; il n'est donc plus d'obstacle à notre union.

LE PRÊTRE.

Venez tous deux aux pieds de l'autel.

ROLLON.

O bonheur !

GYSÈLE.

Dites : ô malheur ! et vous serez plus certain d'avoir dit vrai.

(Ils vont s'agenouiller à l'autel.)

LE PRÊTRE.

Les devoirs prescrits à la compagne de l'homme, Gysèle, c'est de l'aimer plus que tout être qui ne soit pas Dieu même. Elle aura pour lui un sourire toujours paré d'innocence; elle aura des pleurs fidèles à tous ses chagrins. Elle lui sera soumise, mais l'amour sera la base de sa soumission et non la crainte. Les devoirs de l'époux, Rollon, sont de répondre par une tendresse égale à la tendresse de l'épouse, de la regarder comme une plante délicate qui attend de lui seul un abri contre les mauvais jours.

ROLLON.

Il n'en sera aucun pour Gysèle.

LE PRÊTRE.

Rollon ? est-ce là la femme que vous voulez pour épouse ?

ROLLON.

Oui.

LE PRÊTRE.

Lui jurez-vous fidélité et protection?

ROLLON.

Et ce n'est point des lèvres seules que je fais ce serment.

LE PRÊTRE.

Gysèle ? acceptez-vous Rollon pour époux ?

GYSÈLE.

Si c'est Dieu qui l'a voulu, je l'accepte.

LE PRÊTRE.

Lui jurez-vous amour et obéissance?

GYSÈLE.

Oui.

LE PRÊTRE.

Donnez-moi chacun votre main. Au nom du pouvoir que j'en ai reçu de Dieu, je vous unis. Gysèle, voilà votre mari; Rollon, voici votre femme.

GYSÈLE.

Il me semble que ces marbres s'ébranlent; c'est au-dessous d'eux que dorment mes ancêtres. Se sont-ils éveillés? soulèvent-ils leurs tombes, pour venir me reprocher ces liens?

ROLLON.

Ils n'ont rien, crois-moi, qui déshonore leur mémoire.

GYSÈLE.

Horreur!

ROLLON.

Quoi! tu ne souffres plus que je serre ta main; tu repousses brusquement la mienne.

GYSÈLE.

La vôtre!... vous ne l'avez donc pas regardée?

ROLLON.

Imprudent que je suis! il y était resté des gouttes de sang.

GYSÈLE.

Hé bien, Rollon?

ROLLON.

Que lui dire?

GYSÈLE.

Aucune réponse. Hélas ! ce silence, n'en est-il pas une ?

ROLLON.

Je ne saurais nier...

GYSÈLE.

Ce que votre contenance avoue, et elle avoue que vous êtes coupable.

ROLLON.

De quel crime ?

GYSÈLE.

Il est énoncé par ce sang accusateur.

ROLLON.

Pendant ton absence, un homme est venu ici; m'a provoqué; s'est élancé sur moi, le fer à la main, me voyant sourd à ses insultes...

GYSÈLE.

Vous l'avez tué?

ROLLON.

Je t'aimais trop pour ne pas me défendre.

GYSÈLE.

Vous l'avez tué?

ROLLON.

Il a plutôt cherché la mort que je ne la lui ai donnée.

GYSÈLE.

A quoi bon vous demander quel était cet homme? Mon effroi ne me l'a-t-il pas révélé?

ROLLON.

Ce n'était pas ton père.

GYSÈLE.

Dites aussi que ce n'était pas mon frère, si vous

ne voulez pas que je meure, à la pensée que je suis votre femme.

ROLLON.

C'était...

GYSÈLE.

Avez-vous entendu ce gémissement ?... Ou n'est-ce qu'une erreur de ma conscience?

ROLLON.

On le croirait parti du sein d'un sépulcre.

GYSÈLE.

Qu'est-il d'étonnant que les morts aient une voix pour gémir, un jour où l'on voit une femme s'unir à l'assassin de son frère!

ROLLON.

Le tien a mis tant d'obstination dans ses attaques ..

GYSÈLE.

Quel est ce spectre, qui s'agite dans l'ombre formée par ces piliers... Le voyez-vous qui se lève et secoue sa chevelure sanglante?

ROLLON.

Il n'avait donc pas rendu le dernier soupir.

GYSÈLE.

Les traits! la taille de mon frère! ô mon Dieu! prenez pitié de mon âme.

ROLLON.

Moins de terreur : ce n'est point une ombre.

GYSÈLE.

C'est celle de mon frère, et celles de mes aïeux vont la suivre... Pourquoi si tard? Elles auraient dû se placer devant cet autel, avant que j'y vinsse vous donner ma foi.

ROGER.

Tu la lui as donc donnée. Te voilà donc femme de Rollon ! c'est sans doute la dot qu'il t'apportait qui t'a décidée ; riche dot, en effet, le sang de ton frère... Merci, ma tendre sœur ; la mort a daigné suspendre sa marche, pour me permettre de te rendre grâces. Je compte sur toi, pour pleurer sur mon cercueil, si toutefois les plaisirs qui t'attendent dans les bras de mon assassin t'en laissent le temps.

GYSÈLE.

Oh! si j'ose vous appeler mon frère, qu'un mouvement de pitié succède à votre haine. Quel est l'homme qui n'aime à pardonner, quand il est au bord de sa fosse !

ROGER.

Que ne suis-je déjà dans la mienne, femme détestable! le fer de ton mari m'a fait moins de mal que ta vue. Tu as parlé de tes aïeux ; à ma malédiction se joint la leur... Six siècles s'élèvent contre cette heure de ta vie qui les a déshonorés... Je te défends d'être heureuse, et tu ne le seras pas, car je viens d'attacher à ton cœur un souvenir qui en rongera les joies impies. Tu sentiras l'odeur de mon sang dans ta couche nuptiale, et, si tu crains les spectres, tremble d'en voir un qui t'en interdise l'entrée. C'est ainsi que t'a traité ton frère, armé de la majesté de la mort. Va voir maintenant comment te traitera mon père.

ROLLON.

Cette phrase a été sa dernière insulte... O ciel ! Gysèle ne fait plus aucun mouvement.

LE PRÊTRE.

Elle n'est qu'évanouie. . que n'ai-je aussi perdu l'usage de mes sens, pour ne pas être le témoin de cette scène horrible !

ROLLON.

Silence sur elle !

LE PRÊTRE.

Oui, silence.

FIN DU TROISIÈME ACTE.

ACTE QUATRIÈME.

La scène représente le caveau mortuaire de la famille des comtes d'Évreux.

—

SCENE I.

DEUX FOSSOYEURS.

PREMIER FOSSOYEUR.

Six pieds de long ! deux de large ! cinq de profondeur ! c'est un lit où l'on ne craindra pas d'avoir trop chaud, quoique la couverture en doive être assez pesante.

SECOND FOSSOYEUR.

Hé ! camarade ! n'est-ce pas là où nous avons mis il y a dix ans, celle que l'on appelait Iseult aux longs cheveux.

PREMIER FOSSOYEUR.

Attends que j'examine : oui, c'est bien là.

SECOND FOSSOYEUR.

Si elle n'a point changé, le voisin que nous lui

donnons aura de joyeux momens, car c'était une jolie fille. Elle avait les plus beaux yeux noirs et la plus appétissante bouche!...

PREMIER FOSSOYEUR.

Je crains bien qu'elle n'ait été courtisée par des amans qui sont friands d'yeux noirs et de belles bouches, et qui, quand il les caressent, les mettent dans un triste état.

SECOND FOSSOYEUR.

Par notre dame d'Évreux, les hauts seigneurs et hautes dames qui sont ici devraient avoir quelque signe qui fît reconnaître que leur peau est noble. C'est un crève cœur pour moi de voir que les vers s'y méprennent et ne la traitent pas avec plus de révérence que celle d'un manant.

PREMIER FOSSOYEUR.

Bath !

SECOND FOSSOYEUR.

Tu es d'un sérieux....

PREMIER FOSSOYEUR.

A quoi bon se railler de ces bonnes gens ?

SECOND FOSSOYEUR.

Il y en a plus d'un à qui l'épithète de bon n'eût guère convenu pendant sa vie.

PREMIER FOSSOYEUR.

Oui, mais ici, ils le sont tous devenus. Tel d'entre eux qui nous eût brisé le crâne, si devant lui nous avions eu l'impertinence d'éternuer, souffre, sans mot dire, que nous fassions sauter le sien comme une toupie. Tel qui nous eût fait rentrer les épaules au milieu du ventre, si quand il passait, il ne les avait point vues au niveau de ses genoux, ne souffle pas, quand nous nous faisons un coussin des siennes, ou qu'elles nous servent à essuyer la boue de nos pieds. Vive ce lieu-ci, pour en faire des personnes affables ! aussi voudrais-je que toute la race des seigneurs qui sont sur terre y fût déjà.

SECOND FOSSOYEUR.

Supposé qu'elle y pût tenir.

PREMIER FOSSOYEUR.

Je me chargerais de creuser à une profondeur.

SECOND FOSSOYEUR.

Ha, ha, ha.

PREMIER FOSSOYEUR.

Je me suis souvent demandé pourquoi la nature avait si peu de cervelle, car elle agit comme une folle ; elle ne donne à chaque homme que deux bras et deux jambes, et cependant elle en fait naître, que l'on appelle : monseigneur, que l'on sert dans des plats d'or, et qui font pendre qui bon leur semble.

SECOND FOSSOYEUR.

Cela est nécessaire.

PREMIER FOSSOYEUR.

Je dis plutôt qu'il serait nécessaire que cela ne fût pas.

SECOND FOSSOYEUR.

L'harmonie des sociétés....

PREMIER FOSSOYEUR.

Aurait fort bien pu s'arranger, que moi, par exemple, je naquisse parmi ceux qui font pendre, et non pas parmi ceux qu'on pend.

SECOND FOSSOYEUR.

Te figures-tu que si au lieu de recevoir sa place, chacun la prenait lui-même, les choses en iraient mieux ? tout le monde voudrait être comte.

PREMIER FOSSOYEUR.

Et où serait le mal, quand tout le monde le serait?

SECOND FOSSOYEUR.

Et qui serait donc fossoyeur ?

PREMIER FOSSOYEUR.

D'autres que moi.

SECOND FOSSOYEUR.

Tu n'as guère tort, dans ce dernier mot. Le métier de fossoyeur est devenu le pire de tous, personne ne meurt plus.

PREMIER FOSSOYEUR.

Parbleu ?

SECOND FOSSOYEUR.

Il n'en était pas ainsi, il y a seulement trois mois, quand Rollon faisait le siège de la ville. En se croisant les bras, il nous a fait croiser les nôtres. Je commençais déjà à rétablir mon crédit à la taverne du gaulois tondu. Quinze ou vingt fosses par jour, à un demi-sou d'argent chacune ! mais le sort en veut toujours à la prospérité des honnêtes gens.

PREMIER FOSSOYEUR.

Il me fait pitié ce Rollon. N'est-il pas ridicule de voir un chef des Normands, prendre une ville et ne pas permettre qu'on y tue un chien, sans qu'on le paie à son maître ; ordonner à ses soldats de rester chastes commes des moines ; les menacer de mort si en passant auprès d'une femme, ils lèvent seulement un coin de son voile, et tout cela pour plaire à une petite fille qui ne veut pas de lui.

SECOND FOSSOYEUR.

On dit que l'orgueil d'une femme est logé près de son cœur, et quand on séduit l'un on arrive bien vite à l'autre. Le calcul de Rollon n'est pas si mauvais. Cette petite fille voudra de lui, flattée d'avoir seule adouci sa féroce humeur. Qui sait même si elle ne souhaiterait pas déjà que la noce fût faite. J'ai entendu là-dessus divers propos... mais voici un événement qui reculera de long-temps ce mariage, si tant est qu'il doive avoir lieu.

PREMIER FOSSOYEUR.

Tu veux parler de la mort du pauvre diable à qui cette fosse est destinée. C'est encore un de moins, parmi ceux qui sont toujours de trop.

SECOND FOSSOYEUR.

Fi donc....

PREMIER FOSSOYEUR.

Pour ces gens-là, vois-tu j'ai le cœur aussi tendre que le fer de cette pioche.

SECOND FOSSOYEUR.

Je crois pourtant que le sort de ce jeune homme mérite compassion. A son âge, et avec tant d'espérances....

PREMIER FOSSOYEUR

Pouvait-il avoir celle de ne pas venir ici?

SECOND FOSSOYEUR.

Il se serait bien passé d'y venir si tôt... et à propos de cela, sais-tu camarade qu'il est des gens qui n'ont plus aucune crainte de Dieu? N'est-ce pas une honte, qu'un homme soit tué dans une chapelle, sans plus de façon qui si c'était dans une caverne ? L'impiété de ces temps-ci nous portera malheur.

PREMIER FOSSOYEUR.

On jase beaucoup là-dessus, et on n'a aucune donnée sur la main d'où part ce meurtre.

SECOND FOSSOYEUR.

Voici comment je raisonne : par qui est habitée cette citadelle? par monseigneur, sa fille, son sénéchal et ses domestiques au nombre de trente ; on a renvoyé tous les soldats.

PREMIER FOSSOYEUR.

Et les Normands, que tu oublies.

SECOND FOSSOYEUR.

Cinquante Normands ; j'allais les compter. Or, ce n'est ni monseigneur ni le sénéchal, ni sa fille qui sont le meurtrier ; c'est donc ou l'un des trente domestiques ou l'un des cinquante Normands. Admires-tu la profondeur de ma logique?

PREMIER FOSSOYEUR.

Jamais cervelle d'oison, n'en eut une plus concluante.

SECOND FOSSOYEUR.

Quoiqu'il en soit, vive la joie, et les morts sont toujours les bien-venus, de quelque main qu'ils nous arrivent.

PREMIER FOSSOYEUR.

Et celui ci, après tout, paie grassement sa fosse.

SECOND FOSSOYEUR.

On s'en apercevra ce soir, à la taverne ; car c'est manquer de respect aux morts que, de ne pas boire à leur santé, l'argent qu'on gagne en les enterrant.

PREMIER FOSSOYEUR.

Dis-moi donc camarade?...

SECOND FOSSOYEUR.

J'écoute.

PREMIER FOSSOYEUR.

Nous ne pensions plus qu'en sortir d'ici....

SECOND FOSSOYEUR.

Ah! diable!

PREMIER FOSSOYEUR.

Il nous restait une fosse à faire pour ce bon homme de moine....

SECOND FOSSOYEUR.

Moi qui avais déjà aux lèvres le parfum du vin que j'allais faire déboucher, au gaulois tondu.

PREMIER FOSSOYEUR.

Oui, ce vieux père qui n'était jamais sérieux que les jours de jeûne....

SECOND FOSSOYEUR.

Le père Eustache! Dieu fasse paix à son âme! s'il l'envoyait en enfer, je crois qu'il parviendrait à faire rire Satan lui-même.

PREMIER FOSSOYEUR.

C'était un digne homme, et qui s'entendait à faire un sermon, mieux que tous ceux qui aient jamais porté un froc.

SECOND FOSSOYEUR.

Ah! bath!

PREMIER FOSSOYEUR.

Tu ne penses pas que sa manière...

SECOND FOSSOYEUR.

Ait été convenable? non : un sermon, vois-tu, doit être une chose si grave....

PREMIER FOSSOYEUR.

Voilà une des sottises les plus sottes qui soient sorti de la mâchoire d'un sot.

SECOND FOSSOYEUR.

Merci.

PREMIER FOSSOYEUR.

Tu prétends qu'un sermon est mauvais, quand il ne fait pas bâiller?

SECOND FOSSOYEUR.

C'est exagérer.

PREMIER FOSSOYEUR.

Moi je dis au contraire, que les meilleurs sont ceux qui font le plus rire.

SECOND FOSSOYEUR.

Par exemple.

PREMIER FOSSOYEUR.

Je t'en vais donner une preuve, et c'est ce même pere Eustache qui me la fournit. Il prêchait un jour sur le jugement dernier, matière qui ne semble pas prêter le flanc à la raillerie. On le voit tout à coup tirer de dessous sa robe une tête de mort, et il lui met une coiffure de femme. Il ne lui épargne ni le fard ni les rubans, et après avoir achevé sa toilette, il entre ainsi en matière : Soyez attentifs, le jugement commence. — Qui es-tu? — Autrefois j'étais la comtesse du cœur volant. — Qu'as-tu fait? — J'ai été légère. — Tes aveux te coûtent, je les ferai pour toi. Tu te mettais du rouge, comme à présent; tu étudiais tes œillades dans le miroir, et il n'était pas un oiseau de passage à qui tu ne tendisses tes gluaux. Tu couvrais la tête de ton mari d'un panache, qu'il s'était bien gardé de stipuler dans votre contrat de mariage. Va au diable.

SECOND FOSSOYEUR.

Ha, ha, ha, le singulier prédicateur !

PREMIER FOSSOYEUR.

Il change de décoration et met sur la tête de mort un bonnet de juge. Même cérémonie. —Qui es-tu? —J'étais juge au Châtelet de Paris. —Voici ce que tu as fait : sur trente jours, tu en as dormi quinze à l'audience, et ne prétendais pas moins en t'éveillant que la cause était instruite. Tu plaçais dans une main le droit des plaideurs, dans l'autre, l'argent qu'ils te donnaient, et ce n'était que lorsque ce dernier côté de la balance était léger de poids, que tu laissais tomber l'autre. Va au diable.

SECOND FOSSOYEUR.

Ha, ha, ha, je rirai à en étouffer.

PREMIER FOSSOYEUR.

Il change encore et fait arriver un troisième personnage. —Qui es-tu?—J'ai été changeur d'or et d'argent, quand j'étais dans l'autre monde. —Vieux Crésus, dis-donc que tu changeais le cuivre pour de l'or, par les exactions que tu fis peser sur tes débiteurs. Tu en avais chez toi des sacs pleins, et pendant ce temps le pauvre à qui une obole eût suffi pour avoir du pain, expirait de faim à la porte. Tu aurais donné pour vingt deniers ta femme et ta fille, si elles n'avaient pas été trop laides pour qu'on en voulût, même pour rien. Va ! diable.

SECOND FOSSOYEUR.

Je n'ai jamais entendu d'histoire aussi plaisante.

PREMIER FOSSOYEUR.

C'est ce qui te prouve que le vrai philosophe traite tout en riant, et j'ai idée que s'il y avait dans l'auditoire de mon moine, des usuriers, des juges et des coquettes, il a su leur faire faire plus de reflexions que s'il eût fait des phrases bien ronflantes. Mais il me semble entendre le chant des prêtres; Alerte! camarade.

SECOND FOSSOYEUR.

Oui, voici que l'on vient et l'on descend les escaliers.

PREMIER FOSSOYEUR.

Allons ouvrir les deux battans de la porte.

SCÈNE II.

Le fond du théâtre s'ouvre, on voit défiler le cortège funéraire, le corps de Roger est posé sur une estrade.

LE COMTE D'ÉVREUX, ROLLON, OLIVIER, HAROLD, VIRGINIE, NORMANDS, Serviteurs du Comte.

LE COMTE.

Pas encore dans cette fosse!.. il y sera toujours trop tôt. Déposez-le ici... découvrez sa poitrine.... jamais plus noble cœur n'a cessé de battre dans celle d'un homme.

OLIVIER.

Pourquoi vous nourrir ainsi de votre douleur! souffrez qu'on achève, sans vous, les funérailles de votre fils.

LE COMTE.

Il eut été à l'agonie, qu'il se fût levé et traîné jusqu'ici, pour assister aux miennes.

OLIVIER.

Mais la vue de ces blessures....

LE COMTE.

Il en est une ici qu'on ne voit pas, et à qui je reproche de ne point tarir assez promptement la source de ma vie.

GYSÈLE.

O mon père !

LE COMTE.

Il n'y a donc plus ici-bas qu'un seul être qui me donne ce nom ! Ils ont abattu le jeune chêne et laissé le saule que l'âge énervait. ô mon fils ! mon cher fils !

GYSÈLE.

Pleurons-le ensemble et appuyez-vous sur moi, votre dernier amour.

LE COMTE.

Nous le pleurerons plus tard : attends d'abord que je le venge. Olivier, toutes les personnes qui me servent sont-elles ici ?

OLIVIER.

Oui, monseigneur.

LE COMTE.

Et vous, Rollon, y avez-vous fait venir tous ceux des Normands qui habitent la citadelle?

ROLLON.

Pas un n'y manque.

LE COMTE.

Je vous sais gré d'honorer des funérailles que je n'aurais jamais dû voir.

ROLLON.

Et que vous n'auriez jamais vues, si cela n'eût dépendu que de moi.

LE COMTE.

Vous n'approuvez donc pas la mort de mon fils. . . vos yeux me répondent; l'indignation y perce; vous la trouvez horrible, infâme; et si son détestable auteur était l'un des vôtres, vous le remettriez entre mes mains.

ROLLON.

Ce n'est point un de mes soldats qui a tué votre fils.

LE COMTE.

Vous engagez-vous, si c'en était un, à le livrer à ma vengeance?

ROLLON.

Je m'y engage.

LE COMTE.

Rappelez-vous de votre parole (*à ses serviteurs*) vous, rangez-vous de ce côté; (*aux Normands*) vous, de l'autre.

ROLLON, *à part.*

Que veut-il faire?

LE COMTE.

Ecoutez-moi tous : je ne sais si le ciel me réserve d'autres malheurs, mais il me semble que sa colère devrait être lasse. Depuis quelques jours, il m'a plus blanchi de cheveux que pendant les dix ans qui les avaient précédés. Voilà le corps de mon fils!... quel homme a eu le cœur assez barbare pour fermer à un vieillard, tant éprouvé par le sort, le refuge où il eut reposé sa tête! Qui m'a donc ravi, ce qui fut cent fois plus précieux encore que ma ville d'Evreux. Le meurtrier n'a laissé aucunes traces qui désignent un cours à ma vengeance; il doit être parmi vous, n'ai-je pas fait en sorte que tous ceux qui habitent la citadelle fussent ici? Il y est, et je le connaitrai quelle qu'hypocrisie qui lui serve de masque. Je fais un appel à la justice divine ; j'implore d'elle un miracle, qui de nos jours s'est plusieurs fois répété. Que chacun de vous s'approche ! qu'il étende la main sur ce cadavre, et qu'il dise à haute voix : ce n'est point moi qui ai tué Roger.

ROLLON.

O ciel !

LE COMTE.

Une exclamation qui a retenti jusqu'au fond de mon cœur est partie de ce côté; c'est donc de ce côté que le meurtrier se trouve.

GYSÈLE.

C'est moi qui ai poussé ce cri... le souvenir de la mort de mon frère m'a tellement émue....

LE COMTE.

Si c'est toi, je sais bien que ce n'est pas ta conscience qui a gémi, mais seulement ton cœur. (*Aux assistans*). Prenez garde que ceci n'est point une vaine cérémonie. si le meurtrier de mon fils s'approche de son corps pour se parjurer, les blessures qu'il a faites se r'ouvriront et un sang accusateur élèvera la voix contre lui. Que ce coupable avant de subir le jugement de Dieu, se déclare donc et peut-être aurais-je pour lui quelque pitié, peut-être mon pardon sera-t-il ma seule vengeance.

OLIVIER.

Pas un ne répond.

LE COMTE.

Venez, comme je vous l'ai dit; étendez chacun votre main.

Les serviteurs du comte se rangent devant le corps et sur une seule ligne ; ils tendent chacun la main.

Aucun d'eux ne pâlit; ce n'est pas là qu'est le coupable.... chacun de vous jure-t-il que ce n'est pas lui qui a tué mon fils.

LES SERVITEURS.

Nous le jurons.

LE COMTE.

Aucunes lèvres n'ont hésité; chaque voix a été sonore... Ah! du moins, ce n'est point à l'un de mes serviteurs que j'ai à reprocher la mort de mon fils! c'est une goutte de baume sur tant de douleurs. Rollon, tenez votre promesse : faites approcher vos Normands.

ROLLON.

Je ne sais s'ils voudront se soumettre à ces bizarres formalités; ne partageant point d'ailleurs votre religion....

LE COMTE.

En ont-ils donc une qui soit sans horreur pour un aussi lâche assassinat? Mais moi, j'ai foi dans mon Dieu; je sais qu'il ne manquera point à sa justice, et qu'il y aura une voix dans le sang.

ROLLON, (*aux Normands*).

Obéissez, il faut contenter ce malheureux père.

HAROLD.

Je n'ai point tué son fils, que j'ai à peine vu, et si je l'avais fait, je ne pense pas que j'eusse à le taire.

LE COMTE.

Tu dirais, pour ton excuse...

HAROLD.

Je vous dirais ce qu'on m'a raconté qu'avaient dit plusieurs fois vos pères : malheur aux vaincus.

ROLLON.

Misérable!...

HAROLD.

Tu nous fatigueras par tes complaisances pour le comte d'Evreux et sa famille.

LE COMTE.

Si j'avais là ma hache d'armes... Normands, commencerait-on à ne plus me craindre?

HAROLD.

Faisons ce qu'il exige.

ROLLON.

Cette parole t'a sauvé. Tremble, Harold, de te risquer jamais contre ma colère ; elle est plus terrible que les ours que tu as domptés.

LE COMTE.

Que j'examine bien leurs visages! tous empreint. d'une fierté sauvage, aucun des terreurs du remords.

(Les Normands se placent devant le corps de Roger comme l'ont fait les serviteurs du comte et élèvent la main.

LE COMTE.

Jurez-vous que vous n'avez pas tué Roger?

LES NORMANDS.

Nous le jurons.

LE COMTE.

Le sang n'a point paru, le corps est resté immobile, et cependant, un horreur que je ne puis vaincre, me dit que le meurtrier est ici.... Je suis entouré de tous ceux qui étaient dans la citadelle, au moment où mon fils est mort, et pas un..., deux personnes n'ont point pris part à cette cérémonie sacrée.

OLIVIER.

Je suis l'une d'elles et vous ne soupçonnez pas sans doute....

LE COMTE.

Satisfaites-moi; je ne sais plus quel être au monde je ne dois pas soupçonner.

OLIVIER, (*s'approchant du cadavre*).

Je jure que ce n'est pas moi qui ai tué Roger.

LE COMTE.

Il n'y a donc plus ici qu'une seule personne qui n'ait point fait ce serment.

ROLLON.

Est-ce moi que tu désignes ?

LE COMTE.

Toi-même, et j'avoue que j'ai peine à croire que tu aies commis cette infâme action. En la comparant au reste de ta conduite, à ton respect pour moi et pour ma fille... quel eût d'ailleurs été ton but?

ROLLON.

Je dédaigne de te répondre, et persuade toi que mon orgueil est trop haut, pour que ton soupçon puisse l'atteindre.

LE COMTE.

Si tu te défends, je vais commencer à craindre. Je t'en conjure, Rollon, fais ce que tu as fait faire à tes Normands... donne un exemple à jamais mémorable de ta condescendance pour un père malheureux. Ne laisse s'élever aucun nuage sur l'estime que tu m'as inspirée malgré moi, et qui est presque voisine de l'amitié.

ROLLON.

Après tout, cette vaine superstition.

LE COMTE.

Rollon, tu as pâli et tu recules...

ROLLON.

Aurais-je peur de voir un mort, moi qui en ai tant foulé, sous mes pieds, sur le champ de bataille?

LE COMTE.

Dis donc enfin d'une voix ferme : ce n'est pas moi qui ai tué Roger.

ROLLON.

Ce n'est pas moi...

LE COMTE.

Est-ce que ta conscience a retenu le reste de ta phrase?

ROLLON.

Finissons. Ces détours sont indignes de mon caractère. C'est moi qui ai tué Roger.

LE COMTE.

Toi!

ROLLON.

Il m'a provoqué, m'a forcé de tirer l'épée... il a eu le sort de quiconque ose lutter avec Rollon.

LE COMTE.

Lâches serviteurs, vous baissez les yeux, vous êtes pâles de crainte et non de colère; quoi! vous n'êtes pas tombé sur celui qui vient de dire ici : c'est moiqui ai tué Roger.

TOUS LES SERVITEURS.

Vengeance !

LE COMTE.

A moi cette victime! à vous ces satellites qui veulent me soustraire !

[illegible]

GYSELE.

A moi les coups que chacun destine à l'autre? quoi! je verrai toujours couler le sang des êtres qui me sont le plus chers...

LE COMTE, *(d'un ton courroucé)*.

Ma fille !

GYSELE.

Vous avez besoin d'un bouclier, et je me place entre vous deux pour vous en servir.

ROLLON.

Retirez-vous, je ne frapperai point votre père, et je n'ai rien à craindre de sa tentative désespérée.

LE COMTE.

Tu te ris d'un vieillard; mais si l'âge a affaibli ma main, la fureur la rend forte....

ROLLON.

Normands, je vous ai déjà fait signe de rester en repos *(au comte)*... Vois comme elle est forte cette main, elle ne peut sortir de la mienne, et si je serrais plus fort, je la briserais, elle et le fer qu'elle tient.

LE COMTE.

Ici la victime! ici l'assassin, et nulle part la vengeance!

ROLLON.

J'ai plus désiré épargner ton fils que tu ne désires le venger.

LE COMTE.

Il t'a provoqué, dis-tu... pourquoi Dieu ne lui rend-il pas un instant la parole, afin qu'il puisse te répondre : tu mens.

ROLLON.

Ce serait lui-même qui mentirait.

LE COMTE.

Le lieu où on la trouvé mort...

ROLLON.

Ne prouve pas qu'il ne m'ait pas insulté, qu'il ne m'ait pas traité de lâche. Il a bien fallu lui montrer que j'étais fort et courageux.

LE COMTE.

Est-ce lui qui t'eût donné un défi dans un lieu saint, qui eût blasphémé la demeure de son Dieu !

ROLLON.

Je ne t'expliquerai point, comment et pour quelle cause j'étais dans cette chapelle; mais j'y étais avant ton fils, et il n'a pas voulu que nous choisissions un endroit plus convenable pour vider la querelle qu'il a fait naître.

LE COMTE.

Va-t'en, Rollon... ta présence est une insulte pour ces funérailles.... Va-t'en, Rollon, à moins que tu n'ordonnes qu'on élargisse cette fosse, et que tu n'y fasses jeter un cadavre de plus qu'elle n'attendait... Non, non, j'irai cette nuit dans la chapelle où tu as tué mon fils; il est plus digne de toi d'assaisonner le meurtre avec le sacrilège, et tu m'immoleras sur les marches du sanctuaire. Va-t'en, Rollon; va savourer loin de moi le plaisir de m'avoir dépouillé de tout ce qui m'attachait encore au monde; de la dernière espérance sur laquelle s'appuyait ma tête, appesantie par tant de chagrins. Tu ne dois pas être à l'aise ici, car tu y marches sur des malédictions; tu y respires le souffle de la colère de Dieu. Va-t'en....

[illegible].

A quelle épreuve tu as mis ma magnanimité, mais ne dois-je pas pardonner à tant d'infortune et [illegible]? Achève les funérailles de ton fils; ni moi, ni mes Normands ne les troubleront. Qu'on me suive, Harold

LE COMTE (*à ses serviteurs*).

Vous, laissez, éloignez-vous : quelques instans, laissez-moi seul avec ma fille.

OLIVIER

Monseigneur...

LE COMTE.

Pas de réflexions, je veux être obéi

SCENE III.

LE COMTE, GYSELL.

LE COMTE.

Mon honneur avait deux boucliers; l'un est brisé; quel est celui qui te reste? Qu'est-ce que ce vieillard à qui il n'a pas daigné donner la mort?... O rage! le feu dont mon cœur brûlait n'a donc pu passer dans ces muscles débiles! fureur dont il n'a pas fait plus de cas que le moissonneur du brin de paille qu'il tient dans sa main... Adieu, ma fille; je ne veux point mourir du poison lent de la douleur; je veux [illegible] la tombe un chemin plus rapide.

GYSELL.

Que dites-vous?

LE COMTE.

[illegible] mon malheur m'a donné le droit du

blasphème, et que Dieu n'est qu'un mot; que celui-là doit verser des pleurs de sang et maudire la fécondité de sa couche, à qui une fille est née.

GYSÈLE.

De telles paroles sont sorties de la bouche d'un chrétien, de la bouche d'un père!

LE COMTE.

Pardonne-les moi, enfant chérie; non, tu n'es point coupable de cette fatale beauté qui t'a rendue le fléau des tiens... s'il m'était possible de supporter encore la vie, ton amour jetterait quelques doux rayons dans les ténèbres de ma douleur, je le sais. Qu'il retombe sur moi l'anathème que j'ai prononcé contre ta naissance! Cause innocente de quelques jours d'infortune, ne l'as-tu pas été d'abord de vingt ans de bonheur?

GYSÈLE.

O mon père!

LE COMTE.

Tu pleures, ma fille, et c'est sur moi! ah! pleure avant tout sur toi-même.

GYSÈLE.

Hélas!

LE COMTE.

Pleure de n'avoir point eu le courage de préférer l'honneur à la vie. Pendant que tu es pure encore, pleure, je le répète, sur l'ignominie, réservée à tes charmes. Pleure sur la honte qui s'imprimera sur un nom, dont j'emporte l'orgueil dans ma fosse.

GYSÈLE.

Dans votre fosse! n'est-ce donc point assez que j'aie sous les yeux celle de mon frère, et faut-il....

LE COMTE.

Il faut que je meure, pour ne pas te voir devenir le prix de son sang, pour ne pas te voir la femme de l'homme qui ne l'a tué que pour l'obtenir; car il savait bien qu'il n'arriverait à toi que sur son cadavre!... Il faut que je meure, puisque tu n'as pas voulu mourir; puisque tu as des prières qui brisent le cœur, et des embrassemens qui énervent la main prête à frapper..... O ma fille! ma fille bien-aimée! j'aurais été parricide en te donnant la mort malgré toi, et pourtant... interroge le sang de ton frère! un tombeau n'aurait-il pas été préférable à un lit où tu trouverais son assassin?

GYSÈLE.

Arrêtez! vous pouvez vivre et je ne suis plus digne de mourir.

LE COMTE.

Quel est ce langage?

GYSÈLE.

Celui d'une fille coupable, qui ne méritait point un pareil père.

LE COMTE.

Grand Dieu!

GYSÈLE.

Invoquez-le, demandez lui du courage..... vous

n'avez point encore subi vos épreuves les plus cruelles......

LE COMTE.

Tu ne dis que trop vrai, si ce n'est point en vain mot, que celui qui vient de sortir de ta bouche. « Je suis coupable. » Tu as donc apporté aussi ta goutte d'absinthe dans le calice qui me fut offert. Tu ne m'as point cru assez malheureux... Hélas! je l'ai combattu de soupçon; j'en ai rougi comme d'une injure faite à ton cœur; et le voici qui se change en certitude... mais son âge ne sert-il pas d'excuse à sa faiblesse? n'a-t-elle pu être séduite par les apparences de magnanimité qu'a montrées cet homme?

GYSÈLE.

Où me cacher?

LE COMTE.

Dans mes bras, fille toujours chérie. Tout vieillard est indulgent et un père l'est plus encore. Tu n'as point évité le piège tendu à ta candeur; tu l'aimes!... La rougeur qui se peint sur ton front au sentiment de ta faute, désarmerait ma colère, si elle ne l'était déjà par ma tendresse.

GYSÈLE.

Laissez-moi... ô mon père! voici le dernier moment de votre amour.

LE COMTE.

Je n'ai donc pas encore tout appris.

GYSÈLE.

Rollon... il s'agissait des intérêts de Dieu, de celui qui veut qu'on sacrifie tout à sa gloire...

LE COMTE.

Tout, misérable fille! même son honneur.

GYSÈLE.

Le mien est intact. Je suis la femme de Rollon.

LE COMTE.

La...

GYSÈLE.

C'est à ce prix qu'il consentait à être chrétien.

LE COMTE.

Et tu lui as donné ta main?

GYSÈLE.

Pour le conduire auprès de Dieu... vous ne m'accuserez plus d'un lâche attachement pour la vie. Voici mon sein ; c'est vous que j'ai offensé ; punissez-moi, c'est à genoux que je recevrai le coup mortel.

LE COMTE, (*la repoussant avec force*).

Hors d'ici!

GYSÈLE.

Ah! se peut-il, mon père, que vous traitiez ainsi votre fille!

LE COMTE.

Quelle est cette femme qui m'appelle son père!... est-ce que je le suis? J'en grincerais des dents de fureur, et pas un de mes cheveux ne resterait sur ma tête!... Où est ici le tombeau de celle qui lui donna le jour? Je le reconnais. Ranimez-vous, cendres impures; et dites-lui de qui elle est la fille... je la renie pour la mienne. Viens, infâme! entends ta mère gémir de s'entendre nommer adultère... Va-t'en, je ne sais qui tu es. Je ne daigne ni te tuer, ni même te regarder, et tu avais raison de dire que tu n'es pas digne de mourir.

GYSÈLE.

Donnez-moi ce fer, c'est moi-même qui veux...

LE COMTE.

Le souiller de ton sang! je n'en ai point d'autre pour me percer le sein, et je le rejetterais avec dégoût, si seulement ta main l'avait touché. La femme de Rollon!... il s'est trouvé un prêtre pour former ces liens sacriléges; le cadavre de son frère était l'autel, et son sang la dot.

GYSÈLE.

Je ne connaissais point sa mort, lorsque...

LE COMTE.

Silence! tu l'aurais connue que tu ne te serais pas moins livrée à son meurtrier. Que d'autres titres n'avait-il pas pour te séduire? l'exécration de la France! la désolation de la Neustrie! horreur! horreur! non, sa mère n'est point adultère, et cette détestable fille est la mienne. Il faut bien que j'en fasse l'aveu pour avoir le droit de la maudire. Ah! jamais malédiction ne sera sortie si profondément des entrailles d'un père. Que l'anathème de Dieu s'attache à tes pas; que le vent de sa colère souffle en tous lieux sur ton passage...

GYSÈLE.

Ah! par pitié...

LE COMTE.

Tu l'as tué ce sentiment, et il n'est plus dans mon cœur place qu'à la haine... la femme de Rollon!...Je veux une vengeance qui naisse du sein même de ton crime!... Je veux... quel est mon délire!... ne se placera-t-elle pas entre cet homme et moi!... ne lui dira-t-elle pas : encore un cadavre, et nous serons tranquilles.

GYSÈLE.

Je vois trop que Dieu m'a maudite, puisqu'il ne souffre pas que je meure d'effroi, en entendant de telles paroles.

LE COMTE.

La femme de Rollon!... la fille du comte d'Evreux! Tant de gloire accolée à tant d'infamie!... Oh!...

GYSÈLE.

Vous n'aimiez point mon frère, comme vous m'aimiez. Une de mes caresses..... ne me regardez point ainsi, n'arrêtez point ces paroles, qui peut-être malgré vous, adouciraient votre colère. Je montre en les prononçant bien du courage, car à peine ai-je la force d'élever ma voix. Non, mon père, vous ne me défendrez pas de vous invoquer contre vous-même, de placer devant vous, si changé pour moi, l'image de ce que vous étiez jusqu'alors. Quand arrivait-il que le son de ma voix trouvât fermée l'oreille de votre cœur? Ne voyais-je pas votre front s'éclaircir, quelque sombre qu'il fût, quand j'approchais avec un sourire... Ah! si je vous entoure de mes souvenirs!

LE COMTE.

Tu ne fais que donner à ton injure actuelle un contraste qui la rend encore plus sanglante.

GYSÈLE.

Ah! si vous vouliez consentir à accepter du sort, le bonheur qu'il vous offre encore! Si renonçant à haïr, vous vous laissiez entourer de notre amour, de nos tendres soins.

LE COMTE.

Assez de phrases. Il vaut mieux que l'on te sache épouse de Rollon, que de te croire sa maîtresse. Je reconnaîtrai votre mariage.

GYSÈLE.

Grand Dieu !

LE COMTE.

Quand un mal est sans remède, il faut se soumettre et s'armer de constance.

GYSÈLE.

Vous ne me dites pas si vous m'avez pardonné.

LE COMTE.

C'est autre chose.... S'il est nécessaire que je m'accoutume à ton déshonneur, il ne l'est nullement que je te le pardonne.

GYSÈLE.

Vous avez déjà commencé à reprendre votre ancienne bonté...

LE COMTE.

Et déjà tu en abuses... hé bien, sois contente, je ferme les yeux sur ce qui s'est passé.

GYSÈLE.

Pourquoi ne m'embrassez-vous pas?

LE COMTE.

Encore cela. Tu pousses loin tes exigences.... Tu veux des arrhes de mon pardon et te défie, de sa sincérité... (*il l'embrasse*) Te voilà satisfaite sur tous les points.

GYSÈLE.

Je suis heureuse, et cependant ce baiser m'a glacée. Il avait l'air d'un sarcasme du cœur, non d'un gage de pardon et d'amitié.

LE COMTE, (*l'embrassant de nouveau*).

En voici un autre, et j'ai fait ce que j'ai pu pour qu'il soit tendre… On vient… Tu vas voir que le reste de ma conduite, sera d'accord avec cet heureux commencement.

SCÈNE V.

LES PRÉCÉDENS, OLIVIER, serviteurs du comte.

LE COMTE.

Allez de suite me chercher Rollon; qu'il vienne sans crainte. Je ne veux plus l'accabler de reproches, mais lui tendre la main, comme à un ami… comme à un fils.

(*Un des serviteurs s'éloigne*).

OLIVIER.

D'où a pu naître un tel changement.

LE COMTE.

D'une cause.

OLIVIER.

Je le sais bien, mais quelle est-elle?

LE COMTE.

Mon secret.

OLIVIER.

Quelle qu'elle soit, je vous en félicite.

LE COMTE.

Il n'y a que mon plus mortel ennemi qui puisse m'en féliciter?

OLIVIER.

Comme votre accent est devenu sombre.

LE COMTE.

C'est vrai, j'oubliais qu'il doit être doux et calme.

OLIVIER.

La continuation de votre haine contre Rollon eût amené des résultats terribles.

LE COMTE.

L'amour en a produit de plus terribles.

OLIVIER.

L'amour.

LE COMTE.

Cet homme me fait sans cesse des questions, et ne voit pas que je n'ai nulle envie d'y répondre.

SCÈNE VI.

Les précédens, ROLLON.

LE COMTE.

Voici mon fils.

TOUS.

Son fils.

LE COMTE.

Oui mon fils, car il est l'époux de Gysèle.

TOUS.

Grand Dieu !

LE COMTE.

C'est à mon insu que s'est fait ce mariage, mais j'aime ma fille, et j'ai pardonné.

GYSÈLE.

Ajoutez que Rollon est chrétien ; qu'ainsi, en l'épousant, je n'ai point trahi mon Dieu.

LE COMTE.

Pourquoi ce mot trahir? tu leur ferais croire que tu as trahi ton père.

GYSÈLE.

Non, j'ai voulu au contraire être votre égide, et vous donner des titres sur Rollon, qui le forçassent à vous respecter, à vous chérir.

LE COMTE.

Pourquoi n'as tu pu étendre cette protection jusque sur ton frère. (*Gysèle ouvre la bouche pour répondre*). Pas de réponse.... Il est imprudent de jeter du vinaigre sur une plaie encore saignante. Hé bien! Rollon? tu restes muet.

ROLLON.

J'avoue que ta générosité si inattendue m'a tellement ému...

LE COMTE.

Que voulais-tu que je fisse? Ma colère n'aurait pu ressusciter mon fils, ni l'empêcher d'être l'époux de ma fille....

ROLLON.

Je te le rendrai ce fils que je t'ai ravi, hélas, bien malgré moi; car mon épée se détournait de sa poitrine, et c'est lui qui s'est précipité sur elle; je te le rendrai, en te montrant le même amour, la même soumission qu'il t'a montrés.

LE COMTE.

Imprudent!... pourquoi oses-tu me promettre de me tenir lieu de mon fils?.. N'est-ce pas un outrage que tu adresses à ses restes encore tièdes... Pardon, je n'ai pas encore eu le temps d'enchaîner ma haine... Elle s'élance hors de mon cœur, chaque fois qu'un souvenir aigu la reveille.

ROLLON.

Enchaîner ta haine.... Sans doute, j'exigerais trop, en demandant que tu cessasses si subitement de me haïr. Cependant, que viens-tu de me dire? que tu nous avais pardonné.

LE COMTE.

Je ne me retracte pas.

GYSÈLE.

O mon père, donnez-vous des armes contre cette haine, des armes sacrées. Venez joindre nos mains sur le corps de mon frère, et là, retractez l'anathème que vous avez prononcé sur notre union. Annoncez à Dieu et à mon frère, que vous sacrifiez sur ce corps, comme sur un autel de réconciliation, tout projet de vengeance...

LE COMTE.

Quoi! c'est sur son cadavre que je bénirai son assassin!...

GYSÈLE.

Ah! vous ne nous avez point pardonné... vous nous trompiez.

LE COMTE.

Quand tu as envie de me manquer de respect, tu devrais attendre du moins les momens où nous sommes seuls.

GYSÈLE.

Hélas! il s'agit d'intérêts si chers.....

LE COMTE.

Il n'en est aucun qui dût te porter à outrager devant témoins les cheveux blancs de ton père.

GYSÈLE.

Pardon! pardon!

ROLLON.

Gysele, tu mérites des reproches et des reproches sévères. où est donc ta piété filiale? Sais-tu que si tu me donnes des enfans, et qu'un jour, il arrive à l'un d'eux de mettre en doute la véracité de ma parole, je serais moins indulgent que ton père, car je le ferais mourir.

GYSÈLE.

Tout le monde m'accable; tout le monde m'accable.

ROLLON.

Comte d'Evreux, je te dispense d'une cérémonie, qui ne ferait que réveiller les blessures de ton cœur, sans rendre notre réconciliation plus solide. Je me fie à ta parole; et je conçois bien, que tu peux persévérer dans ta haine, en me pardonnant, car tu ne me pardonnes pas pour moi, mais pour ta fille.

GYSÈLE.

Il faut pourtant que ce que j'ai demandé se fasse! (*à son père*) ah! c'est en baisant vos pieds, en les arrosant de mes pleurs, que je la renouvelle cette demande; et plus vous me la refuserez, plus j'aurai de motifs d'insister pour que votre cœur me l'accorde.

LE COMTE.

Tu es folle.... tu es folle; va-t'en.

GYSÈLE.

Non, mon père; je ne suis point folle; je suis seulement la plus malheureuse des femmes. Je ne sais point si j'aurai le courage de me taire, et cependant, mes paroles, vous ne l'ignorez pas.....

LE COMTE.

Qu'est-ce qu'elles feraient tes paroles... quelque mensonge que tu prépares, sans doute....

GYSÈLE.

O mon père !...

LE COMTE.

Après tout, il faut faire finir ce scandale; tu abuses étrangement de ton pouvoir sur moi. Mais je viens de réfléchir qu'après t'avoir accordé tant de choses... me refuser à celle-ci.... ah !....

ROLLON.

Je ne souffrirai pas que tu te fasses une telle violence.

GYSÈLE.

Tu as donc peur que mon père cesse de te haïr.

LE COMTE.

Approchez-vous....

ROLLON.

Je ne saurais me résoudre....

GYSELE.

Je le veux, Rollon.... tu me consisteras mortellement, si tu me refuses.

ROLLON.

Hé bien !....

LE COMTE, (*prenant leurs mains.*)

Je fais donc le serment, en présence de Dieu et de mon fils, de ne point me venger de Rollon.

GYSÈLE.

Et la malédiction que vous avez prononcée....

LE COMTE.

Je la retracte.

GYSÈLE.

Oh ! que je suis heureuse! que je suis heureuse!... mon père, il y a maintenant un mur infranchissable entre la vengeance et vous; c'est la majesté de

Dieu, et celle des morts, qu'il faudrait violer.

LE COMTE.

Achevons les funérailles de mon fils.

GYSÈLE.

Embrassez d'abord celui que vous venez de reconnaître pour tel....

LE COMTE.

Elle le veut.... viens dans mes bras, Rollon.

GYSÈLE.

Pressez-nous y tous deux, en même temps.

ROLLON.

Tu es un homme bien vénérable, et tu fais beaucoup plus pour moi, que je n'aurais osé espérer.

LE COMTE.

Jetons un voile épais sur le passé. Après avoir donné à mon fils, les derniers devoirs, nous chercherons à dissiper dans un festin joyeux, tant d'émotions lugubres. Ce sera le banquet de la renonciation, et des noces, et en nous passant de main en main la coupe de l'amitié, nous finirons par croire que nous avons été toujours amis.

FIN DU QUATRIÈME ACTE.

ACTE CINQUIÈME.

Le théâtre représente l'appartement de Gysèle.

SCENE I.

GYSÈLE, LE COMTE.

GYSÈLE.

On ouvre... ah! ce n'est pas....

LE COMTE.

Non, ma fille, ce n'est pas Rollon. Tu veux que le temps lui paraisse long dans un banquet ? crois-moi, sa coupe peut t'inspirer quelque jalousie; tu dois redouter qu'il ne l'aime autant que sa femme.

GYSÈLE.

Ce rire, cet accent du sarcasme....

LE COMTE.

Sont un soulagement à ma fureur, qui se lasse de dissimuler.

GYSÈLE.

O terreur!

LE COMTE.

Regarde-moi.

GYSÈLE.

Je m'étais donc trompée !

LE COMTE.

Regarde-moi, te dis-je ?

GYSÈLE.

Vous avez refusé de me frapper ! vous avez voulu....

LE COMTE.

Vengeance et tu lis dans mes yeux que j'ai su quels coups me la feraient le mieux obtenir. Prendre ta vie, et je pouvais l'empoisonner par un chagrin éternel! Oh! non, tu souffriras; je les voue à la douleur, tes jours qui nous ont voué les miens à la honte. Rollon seul...

GYSÈLE.

Il vivra.

LE COMTE.

Peut-être encore l'espace d'une heure.

GYSÈLE.

Ce nom dont vous êtes si jaloux, vous en soutiendrez l'orgueil; il vous interdit la perfidie; il vous fait un devoir d'épargner l'homme à qui vous avez dit : je te jure pardon et amitié.

LE COMTE.

Persiste, ma fille, à manquer de respect à ton père.

GYSÈLE.

Hélas ! il s'agit de mon époux, et vous déclarez...

LE COMTE.

Je déclare qu'il doit périr ; je déclare que ton

crime s'expiera ici et sous tes yeux ; je déclare ma fille, que j'ai cherché sa punition dans ses entrailles mêmes..... Je ne songeais point à immoler Rollon, tant que je ne connaissais en lui que le meurtrier de mon fils; accablé de ma douleur, je voulais mourir. En apprenant qu'il était ton époux, j'ai voulu vivre.... j'ai voulu vivre, pour me faire raison de ta honte, de ton ingratitude, de ton impiété de fille et de sœur. En un mot, je ne tue Rollon que parce que tu l'aimes, et si par là, je ne donne pas la mort à ton amour, je la donne du moins au bonheur qui t'en fit oublier l'infamie.

GYSÈLE.

Hé quoi! c'est dans son sommeil....

LE COMTE.

Oui dans son sommeil; je n'ai pu avoir l'idée d'une lutte que mon âge eût rendue trop inégale.

GYSÈLE.

Mais savez-vous quel nom doit recevoir un pareil acte?

LE COMTE.

On dira que c'en est un de justice.

GYSÈLE.

On dira.... on dira, mon père, que c'est un assassinat.

LE COMTE.

Un....

GYSÈLE.

Mon esprit s'égare... mon angoisse est telle!... ma bouche est criminelle, sans l'aveu de mon cœur.

LE COMTE

Silence ! fille dénaturée, qui ne prononcez pas une parole qui ne soit un dard acéré ; qui semblez vous douter si peu de ce que c'est qu'un père, et avec quelle sollicitude le ciel prend parti pour son injure. Vous avez entre Rollon et moi un choix à faire et je sais trop de quel côté penche votre désir. Hé bien ! Votre époux ne tardera pas à paraître. Dites-lui, dès son arrivée : le baiser du traître t'a été donné ; mon père est là, qui épiera ton sommeil d'un œil avide et qui prétend le rendre sans réveil. Furieux de cette découverte, il se croira en droit de m'immoler ; vous le guiderez vers sa victime, je vous attends.

(*Il se retire dans un cabinet*).

SCÈNE II.

GYSÈLE.

Grand Dieu ! combien votre secours m'est nécessaire, et comment serait fermé, sans lui, le cours de pareilles adversités? aidez-moi, raffermissez ma raison que tant de coups ont ébranlée. Voici Rollon, j'entends le bruit de ses pas. Infortuné ! comment te soustraire ?....

SCÈNE III.

GYSÈLE, ROLLON.

ROLLON.

L'hydromel qu'Odin fait servir dans le Walhallah aux âmes des héros, me paraîtrait fade, si je m'accoutumais au vin de ton père. J'avais regret de me borner à la vingtième coupe, et de ne pas imiter mes officiers qui remplissent encore les leurs ; mais la pensée que j'étais attendu par Gysèle....

GYSÈLE.

Quel accent ! quelles paroles !

ROLLON.

C'est un festin qui formera une chaîne d'affection solide entre Harold et toi. Il s'est réconcilié avec notre mariage, qui le mettait en humeur si sombre; je crois même qu'il a serré la main de ton père, dont il m'a dit pourtant d'avoir toujours soin de me défier.

GYSÈLE.

C'en est donc fait.

ROLLON.

Ton accueil est bien sérieux , Gysèle, et tu aurais besoin de me ravir une partie de ma gaîté... M'en veux-tu d'avoir tant tardé à venir? je t'ai pourtant fait un sacrifice, et certes...

GYSÈLE.

Viens, Rollon, laisse-moi être ton guide.

ROLLON.

Mon guide!... supposes-tu , Gysèle, que mes yeux voient trouble et que mes jambes ne soient pas fermes..

GYSÈLE.

Oh ! je te le répète.....

ROLLON.

Vingt coupes de plus et c'est à peine si ma raison serait effleurée. Je disais donc.... non c'est toi qui me proposais... où sont mes idées ?

GYSÈLE.

Tu me suivras, je le veux ; je l'implore.

ROLLON.

Je commence à croire que les fumées du banquet.... il y a une confusion dans mon cerveau....

GYSÈLE.

Si tu pouvais pressentir le danger dont tu es menacé !

ROLLON.

Chose étonnante ! on dirait en effet que ces lambris changent de place, et que le sol tremble.

GYSÈLE.

En restant ici, tu exposes ta vie.

ROLLON.

Le même phénomène doit se présenter en tout autre lieu ; à quoi bon, quitter celui-ci ?

GYSÈLE.

Mais, malheureux !..

ROLLON.

Mes yeux se ferment, le sommeil s'en empare presque de vive force.

GYSÈLE.

Tu veux aller à ce lit... tu n'iras pas, Rollon, tu n'iras pas.

ROLLON.

Dormir ne fut jamais dangereux pour des buveurs, Gysèle.

GYSÈLE.

Tu peux rire! et ce rire me perce l'âme. Fuis la mort, la mort qui te guette, qui là près de ce lit....

ROLLON.

Laisse.

GYSÈLE.

Tous mes efforts sont donc vains.

ROLLON.

Il est inutile de me parler, puisque je n'entends plus.

GYSÈLE.

Mais tu peux voir, et ne vois-tu pas que je suis mourante? L'aspect de mon désespoir et de mon effroi ne doit-il pas dissiper les nuages de ta raison... oh! n'écarte point avec cette opiniâtreté ton ange protecteur... non, je ne veux point que tu ailles à ce lit... à ta tombe, insensé! comprends donc enfin...

ROLLON.

Je reste où je suis tombé.

GYSÈLE.

Reste, ce n'est qu'au dernier jour du monde que tu t'éveilleras de ce sommeil. Oh non! Dieu juste, et ce sommeil, il convient à votre bras de s'étendre sur lui. Songez quel bonneur rejaillira sur votre nom, si vous préservez Rollon de la mort. Le fer qu'il a levé contre vous, c'est à vous désormais qu'il le consacre : gagnés par son exemple, ses soldats qui mettaient leur orgueil à vous outrager, accourront présenter leur tête à l'eau du baptême. Il vous est aisé de transformer la colère en compassion; faites, ô mon Dieu, faites un tel changement dans le cœur de mon père. Ne souffrez pas... mais je l'entends qui se prépare à venir. Vous m'inspirez, mon Dieu! ah! je saurai le retenir sur ce seuil; il y rencontrera un obstacle qu'il est loin d'attendre.

SCÈNE IV.

LE COMTE, GYSÈLE.

Au moment où le comte va passer, Gysèle se couche au travers de la porte.

LE COMTE.

O ciel !

GYSÈLE.

Ayez la dureté de ces murs, et chassez de vos entrailles la nature indignée. Ce que nul autre homme n'oserait faire, avancez : passez sur ce chemin.

LE COMTE.

Relève-toi.

GYSÈLE.

Outragez du pied le sein de votre fille ; ne reculez pas, prenez courage et passez. En vous doit s'effacer tout sentiment d'homme ; ce n'est pas sur moi seule qu'il vous faut passer ici. Passez sur le renom qui vous fut légué par vos pères, qu'on ne voyait pas dans la route des traîtres, qui allaient à leur ennemi, le jour et de face, et ne levaient pas le fer sur son sommeil. Passez sur les vertus de soixante années ; ces vertus qui couronnaient votre vieillesse de respects et d'honneurs. Passez sur vos sermens et bravez la majesté de Dieu, bravez la majesté des morts, que vous prîtes l'une et l'autre à témoin de votre foi parjure. Rollon est devenu votre fils ; devenez donc parricide. Passez, mon père, passez.

LE COMTE.

Quoi ! ton cœur s'est porté à tant de cruauté envers le mien.

GYSÈLE.

Une larme!

LE COMTE.

Ma fille!.

(Il lui tend les bras, elle s'y jette.)

GYSÈLE.

Je veux la recueillir dans un baiser, cette larme réconciliatrice. Non, je n'ai rien dit... C'est moi seule qui ai terni votre nom, et vous n'eûtes point d'autre honte que ma naissance. Comment vous ai-je tenu compte de vos bienfaits et accompli le devoir d'une tendre fille? Mais la vengeance d'un père n'est-elle pas de n'en point avoir? Détournez votre vue du passé, et renouez cette chaîne d'amour, que j'ai seule brisée.

LE COMTE.

Oh! rends-le moi ton amour et rend-le moi tout entier. Relève l'édifice de mon bonheur. Isaac approchait sans murmure du bûcher du sacrifice et fixait un œil obéissant sur son père. Et toi... Ne m'interromps pas; je te demande plus que ton sang; je le sais. Mais ne faut-il pas que le meurtre s'expie, et que tu ne passes pas pour une sœur dénaturée, et sacrilège! Mort à Rollon! ma fille, sinon, mort à ton honneur! Est-ce toi qui préférerais un bonheur infâme au bonheur le plus noble?

GYSÈLE.

Je ne saurais rien préférer à mes devoirs d'épouse, et les remplir avec fidélité doit être mon premier titre de gloire.

LE COMTE.

Ils n'ont plus sur toi d'autorité puisque je les condamne.

GYSÈLE.

Vous ne pouvez les condamner, sans condamner Dieu même. Il a écrit ces paroles : « La femme s'attachera à son époux, et quittera pour lui son père et sa mère. Ils ne seront plus deux, mais un seul. »

LE COMTE.

Le retour de ma bonté n'a donc pu changer ton cœur, et ta flamme criminelle y vivra toujours.

GYSÈLE.

Ce qui serait criminel, en moi, serait de l'éteindre.

LE COMTE.

Tu méprises mes larmes, comme tu as méprisé ma colère. Evite des malheurs, que ma pensée ne pressent point sans effroi. Car après tout, si ce fer ne peut arriver au cœur de Rollon, qu'après avoir traversé le tien.....

GYSÈLE.

Vous frapperiez?... frappez.

LE COMTE.

Son sang !

GYSÈLE.

Commencez par verser le mien.

LE COMTE.

Son sang ! son sang ! te dis-je.

GYSÈLE.

Brisez d'abord son égide. Mais non ; éloignez-vous, je suis décidée à l'éveiller.

LE COMTE.

Une dernière fois, je l'ordonne...

GYSÈLE.

J'entends aussi la voix de Dieu et son ordre est que je reste.

LE COMTE.

Insensée !

GYSÈLE.

Rollon, Rollon! on est prêt de ton lit; on est venu pour t'assassiner.

LE COMTE.

Que je me reproche de retenir ce poignard qui devrait être déjà dans ton sein! mais je saurai.....

(Il la saisit, et l'entraîne.)

GYSÈLE.

Rollon, Rollon.... il est sauvé!

SCÈNE V.

LE COMTE, ROLLON, GYSÈLE.

ROLLON.

Un homme se débattant contre Gysèle! il paiera cher cette étrange audace.

LE COMTE.

Tu as réussi, ma fille, à livrer les jours de ton père.

ROLLON.

Mes yeux me trompent-ils? vous comte d'Evreux !...

LE COMTE.

Il ne faut pas que ta colère balance; je chercherais encore...

GYSÈLE.

A me punir et le ciel l'investit de ce droit. En

vous donnant ma main, j'ai fait à son cœur une plaie mortelle. Il est, d'ailleurs, il est une ombre vengeresse qui a demandé le trépas d'une sœur impie; qui a encouragé mon père à me frapper; celle...

LE COMTE.

Trève à ces fables! c'est toi, Rollon, c'est toi que j'ai voulu, et que je veux encore immoler. Ma réconciliation avec toi ressemblait au gazon perfide dont on couvre la fosse préparée pour prendre le lion. Sache prévenir mes coups; celle qui t'adore n'a reçu que la moitié de sa dot de sang. Complète-la; verse, à ses yeux, celui de son père.

ROLLON.

Il vous sied bien...

LE COMTE.

Oui, Rollon, ajoute à l'horreur qu'inspire cette femme, et qu'elle marche escortée de deux meurtres. Tu chercheras, en m'immolant, ta propre vengeance, et c'est de la mienne que tu te charges... Non, je ne serais qu'à demi-vengé de son impiété filiale, si tu ne m'ôtais pas la vie.

ROLLON.

Je pourrais, sans blesser la justice, l'ôter à un homme qui me caresse d'une main et me cache la mort dans l'autre; je vous la laisse, et plût au ciel qu'il m'eût été aussi facile de la laisser à votre fils.

LE COMTE.

Quoi!...

ROLLON.

Il vous étonne de trouver en moi quelque magnanimité. Ce n'est pourtant pas la première preuve que j'en ai donnée. Déjà vous-même avez éprouvé que c'est en pardonnant que je me venge.

LE COMTE.

Ne crois pas dompter ma haine par cet acte de clémence ; elle en reçoit un nouvel aliment. Cette haine est désormais l'unique ressort de ma vie, que je me ravirais, si je n'avais encore l'espoir de rejoindre mon fils, couvert du sang que le sien réclame. Son assassin est donc l'époux de ma fille, et plus cruel opprobe pour mon nom ! cet homme, fille indigne et de moi et du jour, cet homme à qui ta foi s'est prostituée, il appartient à cette hideuse race, à qui l'enfer a donné la terrible mission qu'elle exerce. il est...

ROLLON.

Il est Normand, vouliez-vous dire ? si ce titre est le plus ferme appui de votre haine...

LE COMTE.

Il la rend inexorable.

ROLLON.

Elle peut cesser de l'être, car ce titre est usurpé. Je ne suis pas Normand, et mon pays natal est la France.

LE COMTE.

Quel homme a jamais menti plus grossièrement?

ROLLON.

Comte?...

GYSÈLE.

Quand j'ai consenti à ces nœuds, cause trop féconde de vos pleurs ; je savais...

LE COMTE.

Tu savais que Rollon n'était pas Normand?

GYSÈLE.

Il me l'avait attesté.

LE COMTE.

Son astuce a dû chercher des fables pour te décider plus facilement à ta honte.

ROLLON.

Un doute aussi rebelle céder aux preuves.

LE COMTE.

Aux preuves, n'en est-il pas ici que je consulte? Tes rapines, le sang versé dans la Neustrie, les morts, les débris qui dénoncent chacun de tes pas.

ROLLON.

Je commande aux Normands, mais je fus d'abord leur esclave. Emmené dès l'enfance sous le ciel de la Novwége...

LE COMTE.

Mensonge!

ROLLON.

Voici la seconde fois que vous m'insultez par une parole, que je punirais cruellement sortant de toute autre bouche. Mensonge!... Le reproche d'avoir commis un meurtre blesserait moins mon orgueil que celui de n'avoir pas dit la vérité.

LE COMTE.

Il est si évident que tout-à-l'heure tu ne l'as pas dite.

ROLLON.

Avez-vous entendu parler du siége de Chartres, sous l'invasion de Sigovaise?

LE COMTE, *(poussant un profond soupir)*.

Si j'ai entendu parler du siége de Chartres!

ROLLON.

Vous ne pouvez du moins mettre en doute l'existence d'un fait aussi célèbre.

LE COMTE.

Ah !...

ROLLON.

N'est-il pas vrai que Sigovaise ayant réduit Chartres aux abois, et à la veille de s'en voir ouvrir les portes, fut forcé par l'arrivée d'une foule innombrable de Français de lever le siège et de se retirer.

LE COMTE.

Ah !...

ROLLON.

N'est-il pas vrai (ce souvenir est dans les chants de tous nos scaldes) que sa fuite fut d'abord un stratagème; qu'il profita des ténèbres de la nuit, et de la sécurité des Français pour ramener ses cohortes, faire l'attaque de leur camp, et qu'une partie des siens réussit à en franchir les fossés?

LE COMTE.

Qui donc t'a excité à me rappeler les dévastations de cette nuit sanglante? Qui donc t'a instruit combien ce souvenir m'était cruel?

GYSÈLE.

Changez d'entretien, Rollon. C'est dans cette nuit que mon père a éprouvé la première de ses infortunes, et que dans son cœur s'est ouvert une blessure, qui depuis vingt ans saigne encore. Il faisait partie des guerriers français et c'est alors qu'il perdit un fils dont il nous a cent fois parlé, et qu'il chérissait du plus tendre amour.

ROLLON.

Je m'applaudis moi qu'il en soit ainsi, qu'il ait

été témoin et même victime de ce fait d'armes. Ce qui arriva à son fils le rendra moins incrédule sur ce qui m'arriva à moi-même.

GYSÈLE.

Ayez la générosité de lui épargner des larmes !

ROLLON.

Qu'il ait celle de m'épargner l'insulte.... Je veux lui prouver que Rollon ne saurait mentir. Le camp des Français fut forcé par les Normands. Quelques-uns d'entre eux purent pénétrer dans la tente où j'étais. Les cris de ma mère me réveillent ; ces soldats farouches la perçaient de coups. L'un d'eux pourtant fut ému par mes larmes et ma faiblesse. Il me dispute à la fureur de ses camarades ; m'arrache aux glaives qui se croisaient déjà sur ma tête, m'emmène et depuis.... Je ne poursuis pas, comte, et je me serais tû, si j'avais prévu vous causer une pareille impression. Je vois aussi pâlir Gysèle ; elle aussi semble m'écouter avec terreur.

LE COMTE.

O puissances du ciel ! faites que mes alarmes soient vaines !

GYSÈLE.

Tous mes sens sont glacés du froid de la mort.

LE COMTE.

Tu nous en as trop dit et tu n'en as point dit assez. Parle, ajoute à notre effroi ou trouve moyen de le détruire.

ROLLON.

Conduit en Norwège, on s'étudia à me faire oublier ma patrie. Le roi Henghild...

LE COMTE.

Ce n'est pas là ce que je te demande.

ROLLON.

Je ne sais alors...

LE COMTE.

Quels coups mon cœur s'expose à recevoir !

ROLLON.

Expliquez-moi...

LE COMTE.

Quand on te fit quitter la France, sais-tu quel était ton âge ?

ROLLON.

J'avais alors quatre ou cinq ans.

LE COMTE.

Cinq ans !... Plus qu'un seul rayon d'espérance !... Quel nom ?.. n'achevons pas. Il vaut mieux... Dernier rayon d'espoir, il vaut mieux que je te conserve.

ROLLON.

Si vous me demandez quel est le nom que me donnait ma mère, il est resté dans ma mémoire, et je crois même que ce qui a le plus contribué à l'y graver, ce sont les châtimens que j'ai reçus pour l'en bannir. Ce nom était celui de Clovis.

LE COMTE.

Clovis ! Que ta colère fasse crouler ces murs, grand Dieu ! que ta foudre nous anéantisse !

ROLLON.

Me révèlerez-vous enfin...

LE COMTE, (*lui montrant Gysèle*).

Regarde.

ROLLON.

Ses sens l'abandonnent.

LE COMTE.

Cet évanouissement, non moins que l'effroi que tu

commences à ressentir ont suffi pour te révéler ce que.

ROLLON.

Ce qu'il vaut mieux mourir que de comprendre.

LE COMTE.

Tu le comprends.

ROLLON.

Ce fils dont la disparition me fut racontée...

LE COMTE.

C'est toi.

ROLLON.

Et Gysèle?...

LE COMTE.

Est ta sœur.

ROLLON.

Que la terre s'entr'ouvre sous mes pas!

LE COMTE.

Oui je retrouve en toi ce fils que j'ai tant pleuré, ce que tu nous as dit me le prouve trop bien, pour mon malheur. Ta mère n'est point morte, comme ton ignorance te l'a fait croire, des blessures qu'elle reçut dans la nuit où tu lui fus enlevé, et le ciel devenant de plus en plus farouche, a deux fois depuis fécondé son sein. Oui, Rollon, Oui, Clovis, tu es mon fils, et c'était mon affection pour toi, qui était le principe de la haine que j'avais vouée à la nation dont tu es l'un des chefs. Oui, me voilà contraint d'ouvrir mes bras et mon cœur à l'homme que je brûlais d'immoler, et à tant de titres.

ROLLON.

Il vit encore! Quand donc sera vengée la nature outragée dans les plus saintes! Que ne m'avez vous frappé! que n'a pu la mort enfermer ces secrets horribles sous les marbres discrets de la tombe !... Je suis votre fils... Savez-vous que loin de reconnaître dans mon cœur ce respect et cet amour que l'Eternel imprime en nous pour celui qui nous fit naître, ce cœur se soulève de colère à ce titre de fils et l'accuse hautement d'erreur?

LE COMTE.

Il est trop vrai que je suis ton père.

ROLLON.

O maison vouée à l'infamie! O flamme que l'enfer a seul rendue indomptable!.. J'aimais... C'est lui qui me l'a fait aimer, et combien de crimes il a su renfermer dans un seul ! Il m'a donc amené sous ce toit abominable où m'entourait le cortège de tant de forfaits, pour être le persécuteur de mon père, le meurtrier de mon frère et l'époux de ma sœur.

LE COMTE.

Hélas ! ton ignorance...

ROLLON.

Me cherchez-vous des excuses ? Demandez à Dieu ce qu'il fait de son tonnerre, et provoquez-en la chute sur vos enfans maudits. (*Il désigne du geste Gysèle*). Son deuil, lorsque ma victime était encore gisante, et attendait encore un cercueil ; ses pleurs, sa douleur qui était alors si solennelle, rien ne fut respecté. J'ai contraint mon épouse à recevoir dans ses bras son frère. N'est-ce pas que c'était une nuit bien choisie pour les plaisirs du lit nuptial? Tu ne ris pas vieillard ; rends au sort sarcasme pour sarcasme ; fais comme moi qui tout-à-l'heure me suis couché si insouciant, et qui trouve à mon réveil, l'inceste et le fratricide, pour me présenter la bienvenue.

LE COMTE.

Que ne fus-je étouffé dans mon berçeau, plutôt que d'avoir vécu, pour être un pareil père!

GYSÈLE.

Respect au désespoir qui m'accable! respect à mon dernier soupir prêt de s'exhaler.

ROLLON.

Qui m'a parlé? C'est cette femme. Respect, à quoi respect! à ton infâme union! que veux-tu être pour moi? ma femme ou ma sœur? Aimes-tu mieux rester l'une et l'autre?.. Révèle moi quel crime caché tu as commis, pour que la vengeance du ciel t'ait fait un sort aussi horrible... Quel asile trouveras-tu, pour te soustraire à ta honte? En quel lieu ne sera-t-il pas dit de toi : « Cette femme, près du corps sanglant de son frère, s'est livrée à son assassin, qui était aussi son frère. »

GYSÈLE.

Vous ne trouvez pas que la mort vienne à moi d'un pas assez rapide; vous accélérez sa marche.. Merci, Rollon... C'est m'épargner d'atroces douleurs que de me faire plutôt mourir.

ROLLON.

Non, non : tu ne mourras point! Mon cœur est pour toi ce qu'il était avant; non tu ne mourras point! plus tendres que jamais, mes baisers arrêteront ton âme, arrivant à tes lèvres... O rage! elle est ma sœur! Dieu maintient ce lien que j'exècre et il rompt celui que j'adore. Ma sœur! tu ne l'es pas, Gysèle, et l'on nous trompe; je ne veux plus te flétrir de ce nom horrible, non tu n'es pas ma sœur. Est-ce que la nature n'eût pas manifesté dans nos cœurs son épouvante? Est-ce qu'un amour si criminel aurait eu tant de douceur?... Je revendiquerai donc encore un si détestable titre, celui de ton époux! Hélas! je m'efforce en vain à le haïr; je sens qu'en toi ce n'est que ma sœur que j'abhorrerai, et que j'idolâtrerai toujours ma femme. Fuis-moi : la tendresse de mes paroles est encore une insulte, mais demeurer sous mes yeux, n'est-ce pas tenter mon courage? Tes regards l'énervent et empêchent dans mon cœur le remords de triompher de l'amour. Eloigne-toi, je t'en conjure.

GYSÈLE.

Je vous obéis : adieu, Rollon.

ROLLON.

Ne m'obéis pas! oh! non, si faible et presque mourante, où te rendrais-tu à une pareille heure?

GYSÈLE.

Auprès de mes femmes.

ROLLON.

Ah! c'est trop tôt nous séparer.

GYSÈLE.

Vous m'avez trop fait voir que je ne puis rester auprès de vous.

SCÈNE VI.

LE COMTE, ROLLON.

ROLLON.

Je ne la reverrai plus, ni vous, que je hais autant que je l'aime. Vous n'avez pas dû vous flatter de trouver en moi les sentimens d'un fils. J'ai trop sujet de maudire le jour, pour vous être reconnaissant de me l'avoir donné. Harold !... Ce misérable, me fera attendre une heure, avant de s'éveiller. Harold !.., Je le ferai fustiger la première fois qu'il se permettra de boire outre mesure. Harold ! Harold !.....

LE COMTE.

Quel est ton dessein ?

ROLLON.

De ne pas rester une heure de plus dans cette maison abominable. Je vous rends votre ville d'Evreux, et puisse le ciel m'avoir foudroyé le jour où j'ai résolu d'en faire le siège ! Harold !

SCÈNE VII.

LE COMTE, ROLLON, HAROLD.

HAROLD.

Qu'avez-vous donc à crier ainsi ?

ROLLON.

Fais sonner le boute-selle.

HAROLD.

Pourquoi faire ?

ROLLON.

Cent coups de fouet à qui ne sera pas debout dans cinq minutes.

HAROLD.

Nous partons donc pour quelqu'expédition.

ROLLON.

Nous partons pour l'enfer, et je pourrai bien t'envoyer d'avance nous y préparer des logemens.

HAROLD, (*au comte*).

Savez-vous ce qu'il a ?

LE COMTE.

Il a raison de sortir d'ici, et plût à Dieu qu'il n'y fût jamais venu.

HAROLD.

Il faut pourtant bien que j'apprenne...

ROLLON.

Tu vas apprendre ce que c'est que de badiner avec la griffe du tigre.

HAROLD.

Ou vous n'avez pas encore cuvé votre vin, ou vous êtes en délire.

ROLLON.

Hé misérable ! je ne demandais pas mieux que de trouver quelqu'un sur qui tombât ma colère.... ma colère... entends-tu?... Tu ne sais donc pas ce que je viens de trouver ici : regarde cet homme... c'est mon père, et la femme que j'ai épousée hier, c'est ma sœur.... es-tu content ? vas-tu encore me persécuter de tes questions?.... sors vite, et fais ce que je t'ai ordonné.

HAROLD.

Qu'est-ce que tout ce verbiage?

ROLLON, (*avec colère et avançant vers Harold.*)

Ah !....

HAROLD.

Par l'âme d'Odin, ne tuez que l'insensé qui vous a fait ces contes, et non pas moi qui peux vous remettre l'esprit en repos.

ROLLON.

Des contes !

HAROLD.

Dites qu'une brebis a engendré un loup, ce sera tout aussi vrai que de dire que vous êtes le fils de cet homme.

ROLLON.

Qui peut donc m'attester le contraire ?.... je lui donnerais autant d'or que son corps pèse.

HAROLD.

Donnez.

ROLLON.

Tu aurais quelques indices...

HAROLD.

Pas des indices, des preuves. Je suis le soldat qui vous ai emmené en Norwège et vendu au roi Heingild.

ROLLON.

Toi !

HAROLD.

Heingild m'ordonna de ne jamais vous l'apprendre. Il voulait que vous devinssiez Normand, qu'en grandissant vous ne fussiez point tenté de rentrer dans votre famille, que vous ne sussiez pas, par conséquent, qu'il existait un homme qui pouvait vous donner sur elle quelques détails.

LE COMTE.

Je ne respire pas.

ROLLON.

Hé bien ?

HAROLD.

Hé bien ! je sais parfaitement le nom de votre père.

ROLLON.

Et ce n'est pas lui.

HAROLD.

Non.

ROLLON.

Ah ! ne cherche pas à me tromper, car si tu ce donnes une fois cette espérance, je m'y attacherai vois-tu, et malheur, mille fois malheur à toi, si ce n'est qu'une déception.

HAROLD.

Je suis entré dans la tente où vous étiez.....

LE COMTE.

En avez-vous remarqué les armoiries?

HAROLD.

J'avais bien autre chose à faire.

ROLLON.

Il fallait dabord piller, et tuer ma mère, n'est-ce pas?

HAROLD.

J'avoue... si vous me lancez ces regards furieux, je n'achèverai pas.... j'avoue donc, que cela fut fait ainsi que vous le dites.

ROLLON.

Misérable !

HAROLD.

C'etait le droit de la guerre. Votre mère me donnait les noms les plus injurieux, et m'ensanglantait le visage avec ses ongles... cela me fâcha.... je me repentis pourtant de lui avoir donné un coup de ma lance, et c'est peut-être là, ce qui plus que vos pleurs et votre jolie figure, m'a attendri pour vous. « Soldat, me dit-elle en mourant, sauve cet enfant et je te pardonne ma mort; rends-le à son père, qui te donnera en échange la plus riche rançon ; rends-le au comte de Gisors.

LE COMTE.

O puissances du ciel !

HAROLD.

Il m'eût été difficile d'accéder aux vœux de votre mère, car au bout de quelques jours, les succès du roi Eudes forcèrent les Normands à sortir de France.

ROLLON.

Qu'as-tu besoin de dire le reste ? assassin de ma mère, ta voix m'est si odieuse, que je ne veux entendre d'elle, que ce qu'il m'est indispensable d'entendre.

HAROLD.

Si c'est là le prix....

ROLLON.

Crains d'en recevoir un autre, ou sache te taire. Vous, comte d'Evreux, avez-vous connu ce comte de Gisors ?

LE COMTE.

Nous étions amis, amis comme les plus tendres frères ; nos deux fils naquirent en même temps, ce qui nous porta à les appeler tous deux du même nom, du nom de Clovis.

ROLLON.

Se trouvait-il, comme vous, au siège de Chartres ?

LE COMTE.

Il y éprouva, hélas ! tout ce que je t'ai raconté de moi-même, et plus malheureux encore ne rentra dans sa tente, que pour voir sa femme morte et non mourante.

ROLLON.

Ainsi...

LE COMTE.

Tu es son fils, je n'en doute plus.

ROLLON.

La nature en doit avoir mis dans mes traits quelques indices. Trouvez-vous que j'aie avec lui quelque ressemblance?

LE COMTE.

Elle est si frappante, que je ne comprends plus comment jusqu'ici je ne l'avais pas observée; c'est là son visage, le feu de ses regards, et jusqu'au son même de sa voix.

ROLLON.

Vit-il encore? peut-il être le témoin de ma gloire?

LE COMTE.

Elle le flatterait peu... mais il n'a survécu que deux ans à une femme uniquement aimée.

ROLLON.

Plus tard, j'aurai pour lui des larmes; j'en aurai aussi pour ma mère. Ah! maintenant, aucune ombre sur la joie qui renaît dans ce sein que rongeaient tous les vers de la douleur. Je ne suis pas le frère de Gysèle!... qu'on la cherche! qu'on l'avertisse de son bonheur!... vole, Harold, vole auprès d'elle, et pour première parole, dis-lui : « votre époux n'est point votre frère! » encore ici?.. tu attends mon pardon? tu l'as; le service que tu viens de me rendre est trop grand, pour que je ne jette pas un voile sur ton crime.

SCÈNE VIII.

LE COMTE, ROLLON.

LE COMTE.

En effet, nous sortons tous deux d'une horrible épouvante.

ROLLON.

Et vous allez sans doute rentrer dans vos premiers sentimens.

LE COMTE.

Je le devrais.

ROLLON.

Rollon n'est plus votre fils, mais il est toujours Rollon.

LE COMTE.

Hélas!

ROLLON.

Guerre entre nous, j'y consens, mais faites la moi loyale et digne de vous.

LE COMTE.

Pourquoi toujours la guerre?

ROLLON.

Est-ce moi, grand Dieu! qui refuserais la paix, qui refuserais votre amitié.

LE COMTE.

Cette secousse a énervé les ressorts de ma haine.

ROLLON.

Et vous pourriez...

LE COMTE.

Te pardonner, si toi-même tu me pardonnes.

ROLLON.

Vous ne m'avez point offensé, moi seul, en vous privant d'un fils...

LE COMTE.

Tu me le rendras.

ROLLON.

En épousant votre fille...

LE COMTE.

Si je t'avais mieux connu, je te l'aurais donnée.

ROLLON.

Qu'entends-je?

LE COMTE.

La vérité, cette fois... Cette réconciliation est sincère.

ROLLON.

Tu me permets donc...

LE COMTE.

De te jeter dans mes bras... Et tu vois que je te les ouvre.

ROLLON, (*se jetant dans ses bras*).

O bonheur!

SCÈNE IX.

LE COMTE, ROLLON, GYSÈLE.

LE COMTE.

Viens, ma fille, viens jouir d'un tableau que tes yeux n'attendaient pas.

GYSÈLE.

En effet...

LE COMTE.

Je ne m'étonne plus que tu aies aimé Rollon..... Son beau caractère me le fait aimer à moi-même.

ROLLON.

Pauvre Gysèle, les traces de ta douleur ne se sont point encore effacées ; il me semble, qu'en nous quittant, tu n'étais pas même aussi pâle.

GYSÈLE.

J'ai tant souffert !

ROLLON.

Mais maintenant, loin de toi les angoisses du cœur ! joie pour cette heure ! joie pour toutes celles de la vie !

LE COMTE.

Tu hésites à m'embrasser...

GYSÈLE.

Vous m'avez tant de fois maudite...

LE COMTE.

Dieu n'a pu exaucer des malédictions aussi injustes ; Tu es toujours restée aimable à ses yeux.

GYSÈLE.

Mais aux vôtres !

LE COMTE.

Ne te rendent-ils pas maintenant leurs regards d'amour? N'y lis-tu pas que tu es plus que jamais ma fille chérie?

GYSÈLE.

Je n'ai que mes larmes pour réponse.

LE COMTE.

J'en ai fait couler de moins douces ; que j'ai été cruel !

GYSÈLE.

Vous ! Oh ! c'est moi seule !...

LE COMTE.

Oubli de ces souvenirs ! oubli éternel !... Nous avons tous trois besoin de repos. Jamais le baume du sommeil n'aura fait tant de bien à nos cœurs.

GYSÈLE.

O mon tendre père !

LE COMTE.

A mon réveil, ma première pensée me sera bien douce ; je serai sûr de te voir heureuse.

SCÈNE X.

ROLLON, GYSÈLE.

GYSÈLE.

Heureuse !

ROLLON.

C'est à peine si tu crois l'être. Les douleurs d'un cauchemar ne s'effacent pas dès le réveil, et les impressions du désespoir ne sont pas de suite chassées de l'âme par celles de la joie.

GYSÈLE.

De la joie !

ROLLON.

Mais dans quelques heures, mais demain, tu éprouveras le ravissement du matelot, qui après la plus noire tempête, voit enfin les flots s'aplanir et le soleil se montrer.

GYSÈLE.

Celle dont mon cœur a été brisé sera suivie d'un long calme.

ROLLON.

Oh! oui, d'un long calme. Je ne veux pas, Gysèle,

qu'il plane un seul nuage sur les jours que Dieu ta réserve. De quelle félicite, de quelle gloire tu seres entourée par ton époux!... que ce nom m'est devenu doux à prononcer!

GYSÈLE.

O mon bien-aimé!

ROLLON.

Tu en as été juge; ce n'était pas d'avoir été le meurtrier de mon frère que je concevais la plus vive horreur, mais de la nécessité de renoncer à toi.

GYSÈLE.

Cesse ce langage.

ROLLON.

Et pourquoi? il ne peut plus t'offenser... la première pureté de notre amour lui a été rendue. Tu n'es plus ma sœur... ma sœur! Ai-je à bénir le ciel de n'avoir pas suivi la pensée qui m'est venue lorsqu'il me fut dit que tu l'étais, celle de mettre fin à ma vie!

GYSÈLE.

Quoi! lui aussi!...

ROLLON, (*changeant subitement d'accent*).

Quel est le sens de ces paroles?

GYSÈLE.

Les horreurs de cette nuit ne sont point encore achevées.

(ROLLON, *de l'accent le plus sombre*).

Gysèle?...

GYSÈLE.

Tu viens d'avouer que tu avais pensé a te donner la mort.

ROLLON.

Malheureuse !

GYSÈLE.

Je le suis surtout d'être ainsi aimée.

ROLLON.

Tu aurais...

GYSÈLE.

Je me suis épouvantée de vivre, ta sœur et ta femme.

ROLLON.

Ah ! (*cri déchirant.*)

GYSÈLE.

Une de mes suivantes craignant les outrages de tes soldats, s'était prémunie du poison le plus actif...

ROLLON.

Elle te l'a donné ?

GYSÈLE.

J'ai eu bien de la force si j'ai pu te dissimuler les affreuses souffrances qu'il me cause.

ROLLON.

Où sont tes femmes ? où courir ? que faire pour arrêter cette mort, qui déjà se saisit de ses lèvres et y sème ses taches livides.

GYSÈLE.

Demeure auprès de moi, mon bien-aimé ; à ton retour, tu ne me trouverais plus vivante. Il n'est possible à aucun secours humain de me sauver.

ROLLON.

J'obéis, Gysèle, et si je reste, c'est que je veux aussi mourir.

(Il tire son épée du fourreau.)

GYSÈLE.

Par pitié !...

ROLLON.

Prétends-tu que du faîte de la joie, je me laisserai tomber dans le plus profond abîme de la douleur !.

GYSELE.

Si je te suis chère...

ROLLON.

Tu ne savais donc pas à quel point tu me l'étais devenue ! .. me réserver une déception aussi barbare ! .. m'ôter tout à coup tant de bonheur ! Si je me sentais brisé sous les roues d'un char, souffrirais je autant que je souffre !... ô mon Dieu !... je ne suis donc point trompé par un rêve ! c'est bien réellement que j'assiste aux derniers momens de Gysele.

GYSELE.

Fais-moi le serment...

ROLLON.

O désespoir plus horrible encore que celui dont je viens de sortir ! Ne la retrouver ma femme que pour la perdre ! que n'est-elle restée ma sœur et que ne vit-elle !

GYSELE.

Fais-moi le serment, mon bien-aimé, de consentir à me survivre.

ROLLON.

Je l'espère pas.

GYSELE.

C'est moi que Dieu punirait de ta mort. Tes jours lui sont si précieux ! ils peuvent être si utiles à sa gloire !...

ROLLON.

Qu'il fasse un miracle, qu'il te sauve la vie ! car elle est l'âme de la mienne.

GYSÈLE.

Arrête : Je ne t'ai tant aimé, que parce que je t'ai cru sensible à la gloire; que parce que dans ton cœur, il m'a semblé que je semais le bonheur de tout un peuple. Ne m'as-tu pas promis que tes soldats embrasseraient la foi du Christ? Renouvelle ta promesse, à moins que tu ne veuilles que je meure désespérée, et que mon dernier soupir en soit un de haine et non d'amour.

ROLLON.

Toi me haïr!

GYSÈLE.

Oui, si tu ne me jures pas de vivre. N'est-ce pas toi seul qui peux expier ma mort, dont Dieu me fera sans doute un crime! Ah! par compassion pour ma douleur présente et mon éternelle destinée.....

ROLLON.

Non, non, je ne...

GYSÈLE.

Tu ne veux pas m'assurer la félicité de l'autre vie. N'est-ce pas assez de tant souffrir en quittant celle-ci!

ROLLON.

Ah!...

GYSÈLE.

Si tu savais combien ce serment adoucirait mes angoisses...

ROLLON.

Et les miennes!

GYSÈLE.

Oh! je t'en conjure, ne me résiste pas, mon bien-aimé.

ROLLON.

Qu'importe que je souffre... Emporte du moins

une pensée de bonheur et d'espérance... Oui, je te fais le serment de te survivre.

GYSÈLE.

J'essaie de sourire... Je te dois tant de reconnaissance d'une telle marque d'amour!... mais on ne peut sourire avec d'aussi atroces douleurs... Celle de me séparer de toi, mon bien-aimé, suffirait seule....

ROLLON.

Il n'est point de fer aigu qui me déchirerait le cœur, comme ces paroles.

GYSÈLE.

J'aurais pu vivre si heureuse!... Mon Dieu, dérobez-moi ce tableau... Les joies de votre ciel ne vaudront point celles que je n'ai fait qu'entrevoir, et que je quitte... Où es-tu, Rollon? un nuage s'est étendu sur mes yeux. Je ne te vois plus... qu'une seule goutte d'eau me ferait de bien!... Je sens ma langue qui s'embarrasse, donne-moi ta main; J'ai encore la force de la serrer... O mon bien-aimé, souviens-toi...

ROLLON.

Est-ce là sa derniere parole? Gysèle! Gysèle. Plus de réponse.

FIN DU CINQUIÈME ET DERNIER ACTE.

www.ingramcontent.com/pod-product-compliance
Lightning Source LLC
LaVergne TN
LVHW012002220826
846092LV00001B/223

* 9 7 8 2 3 2 9 7 9 5 1 0 2 *